나의 첫 번째 라탄×가방

매일 들고 싶은 감성 라탄백 20

나의 첫 번째

라탄×가방

라탄,

일상에
나만의
특별한 시간을
더하다

김민희 김수현
유선미 윤근화
윤지영 정무영

목 차

이 책을 쓴 여섯 명의 공방지기를 소개합니다

라탄앤조이
김민희

바쁜 회사 생활과 발전 없는 미래를 고민하고 있을 때 오롯이 나에게 집중할 수 있는
라탄을 만났습니다. 호기심에 시작한 취미였는데 좀 더 배우고 싶고
나만의 작품을 연구하고 싶다는 욕심이 지난 18년의 직업까지 바꿔버렸어요.
라탄의 매력을 여러 사람에게 알리기 위해 지금은 나만의 공간에서
재미와 힐링을 전하고 있습니다. 소박한 공방의 주인장과 함께 라탄을 엮으며
잠시나마 복잡한 일상에서 벗어나 새로운 즐거움과 성취감을 함께 느껴보세요.

스튜디오그룰
김수현

새로운 걸 시작하고 싶다고 생각하던 디자이너 시절의 끝자락에서 라탄을 만났고
고민 끝에 라탄 공예에 발을 담그게 되었어요. 행복한 라탄 생활을 즐기면서
여러 경험을 쌓다 보니 이루고 싶었던 꿈을 향한 기회들이 생기기 시작했고
그중에 하나가 '라탄을 엮는 동료들이 생기면 함께 라탄 공예를 알리는 책을
만들어보고 싶다'였습니다. 그리고 지금 이렇게 여섯 명의 공방지기들과 도전하게 되었네요.
앞으로도 하나씩 꿈을 실현해가면서 라탄을 재미있게 알려보려 합니다.

초랑공방
유선미

다양한 공예들로 다년간 경험을 쌓다가 우연히 만난 라탄 공예에 반해
라탄을 전도하는 1인이 되었어요. 시작은 나만을 위한 힐링이었지만 지금은 모두를 위한
힐링이 되도록 이야기가 있는 공방에 감성을 더하고자 합니다. 벌써 11년 차 공방지기지만
알아갈수록 새로운 매력을 보여주는 라탄에 빠져 지금까지도 특별한 시간을 보내고 있습니다.
우리 함께 라탄을 엮으며 행복한 시간을 가져보는 것이 어떨까요.

킨라탄

윤근화

금속 공예를 전공했던 대학 시절에는 금속이 주는 차가움이 맞지 않아 재미없었지만,
10년간 해오던 일을 그만두고 만난 라탄 공예는 일상에 따스한 힐링이 되어주었어요.
손으로 엮는 라탄은 자존감을 높여줬기 때문에 오랜 시간 꼼짝하지 않고 밤새 엮기도 했습니다.
라탄 공예와 함께라면 무엇이든 잘 헤쳐 나갈 수 있을 것 같아
감각적이고 가치 있는 소품을 만드는 일을 시작했습니다.
라탄이 주는 아늑하고 따뜻함을 여러분도 함께 느껴보세요.

설연스튜디오

윤지영

일상을 설렘으로 연결하고 사람들에게 소소한 행복을 주고 싶어 라탄 공예를 시작했습니다.
라탄은 재료 본연의 자연스러운 느낌에 원하는 컬러를 입힐 수 있어서 매력적이에요.
그래서 작품을 만들 때 주로 염색 라탄을 활용해 작업하고 있습니다.
어떻게 염색할까 생각하면서 디자인하다 보면 나만의 색을 넣은 작품을 완성할 수 있어요.
예쁜 색으로 물들인 라탄을 조합해 하나의 작품으로 만드는 시간은
모두에게 진정한 행복이 되어줄 거예요.

소이리본감성스튜디오

정무영

원데이 클래스에서 우연히 접한 라탄 공예의 매력에 빠져 지금 10년 차 공예 강사로
일하고 있습니다. 시간을 들여 등나무를 엮는 그 순간은 저에게 더없이 힐링이 되고
기다려지는 시간이 되었어요. 라탄은 같은 재료와 도안을 사용해도 만드는 이의 손길에 따라
완성되는 작품이 조금씩 달라지다 보니 작품에 각자의 개성이 묻어나게 됩니다.
실용적이고 감성적인 라탄 공예의 매력을 충분히 알아가며 재밌게 즐겨주셨으면 해요.

라탄이란?

라탄은 동남아시아 지역에서 자라는 야자과 식물로 주생산지는 인도네시아입니다. 현재 한국에서 사용하는 라탄 재료 또한 대부분 인도네시아산입니다. 라탄 재료에는 등급이 있는데 높은 등급일수록 색이 균일하고 탄력이 좋으며 표면이 매끄럽습니다. 반면 등급이 낮을수록 색이 탁하거나 얼룩이 있으며 푸석한 표면 때문에 작업 시에 쉽게 끊어집니다. 라탄 재료는 크게 껍질과 속대로 나뉘어 사용됩니다.

위에서부터 2mm / 4mm / 5mm

· 피등 (peel)

라탄의 껍질 부분에 해당합니다. 겉이 매끄럽게 윤기가 나고 질기다는 특징이 있습니다. 주로 가구 작업에 많이 쓰이지만 바구니 등에도 사용하며 질감 차이에 따라 다양한 디자인을 만들 수 있습니다. 2~5mm 정도 폭의 재료를 가장 많이 사용합니다.

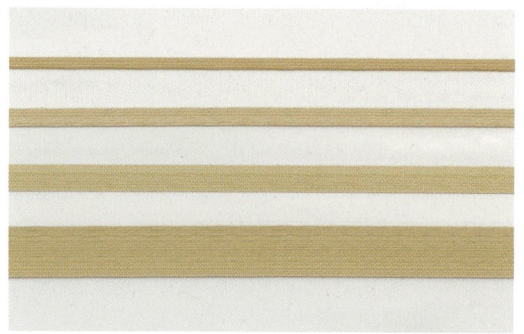

위에서부터 5mm / 7mm / 10mm / 20mm

·평심 (flat-core)

라탄의 속대 부분에 해당합니다. 납작하게 가공하여 피등과 유사한 형태이지만 속대 부분이기에 피등과 같은 단단함은 없습니다. 부드러운 소재이기 때문에 가구, 바구니 등 다양하게 사용되며 염색 작업에 용이합니다. 5~7mm 정도 폭의 재료를 가장 많이 사용합니다.

위에서부터 1.5mm / 2mm / 2.5mm / 3mm / 4mm / 5mm / 7mm / 10mm

·환심 (core)

라탄의 속대 부분에 해당합니다. 단면이 둥근 국수 가락의 형태입니다. 염색 작업에 용이하며 피등과 평심에 비해 다양한 폭의 두께로 가공하여 작은 소품에서부터 가구까지 라탄 제품에 두루 사용됩니다. 1~3mm까지는 바구니 등의 작은 소품을 엮고, 4mm 이상은 바구니의 손잡이, 가구의 장식 등으로 활용합니다.

사용 도구

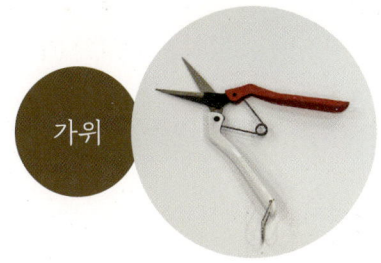

재료를 자르는 용도로 사용합니다. 일반 원예용 가위, 문구용 가위, 주방 가위 모두 재료를 자를 수는 있지만 세심한 작업을 위해서는 끝이 날카롭고 예리한 가위를 사용하길 추천합니다.

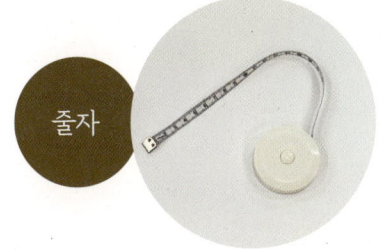

재료의 길이를 재고 작품을 만드는 과정에서 치수를 잴 때 사용합니다.

작업 시작 전 재료를 물에 담가 부드럽게 해주기 위해 필요합니다. 작업 중간에도 추가 재료를 담가두거나, 진행 중인 작업물을 한 번씩 담가 전체적으로 적셔줍니다.

작업 과정에서 말라가는 재료에 물을 뿌려주어 재료를 부드럽게 만들어 부러지지 않게 합니다.

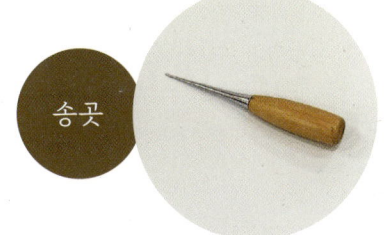

엮은 라탄의 결을 반듯하게 하거나, 새로운 기둥을 심어줄 때 등 작품의 디테일을 잡아줄 때 주로 사용합니다.

라탄 용어

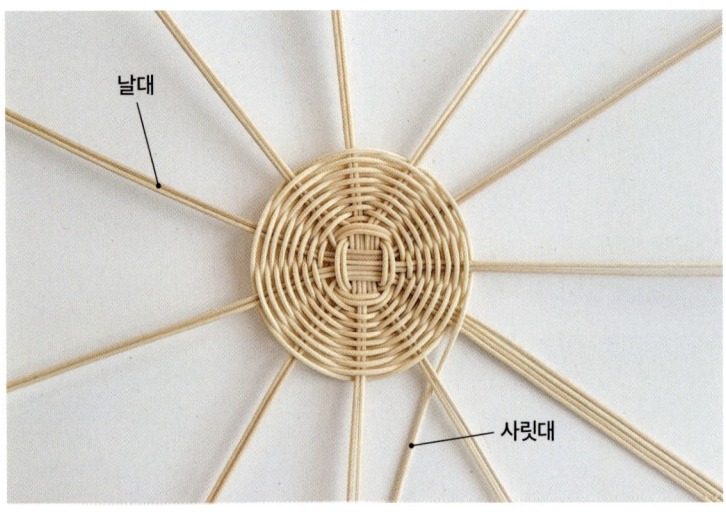

날대

사릿대

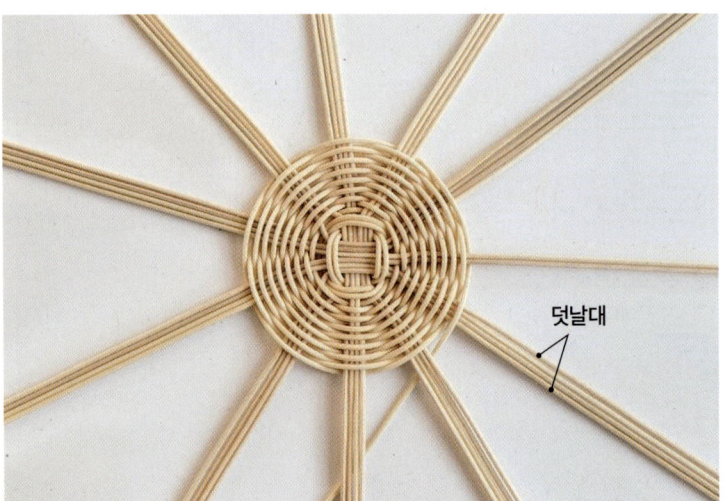

덧날대

· 날대

작품의 기둥이 되는 줄입니다.

· 사릿대

작품을 엮는 줄로 면을 만들어줍니다.

· 덧날대

날대 옆에 덧꽂아주어 사이즈를 확장하거나, 작품을 견고하게 만들 때 추가하는 새로운 날대입니다.

사용 기법

· 바닥짜기

 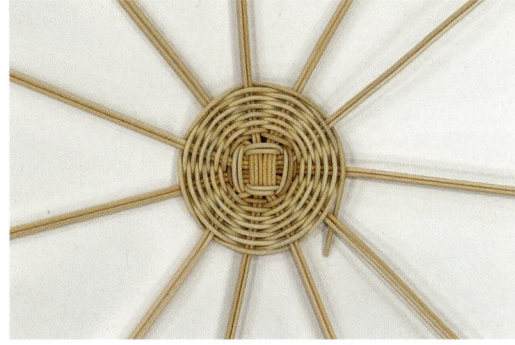

十(열 십)자짜기
원형 바닥짜기의 가장 기본이 되는 바닥 놓음입니다. 날대의 개수는 작품에 따라 다르게 놓습니다.

井(우물 정)자짜기
十자짜기의 변형입니다. 네 군데의 모서리에 十자를 교차시켜 배열합니다. 날대의 개수는 작품에 따라 다르게 놓습니다.

 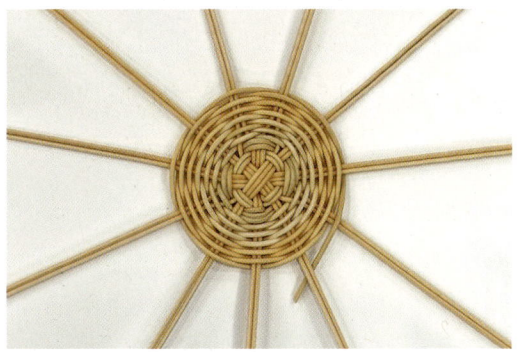

米(쌀 미)자짜기
十자짜기의 변형입니다. 두 개의 十자를 대각선으로 서로 포개어 놓습니다. 날대의 개수는 작품에 따라 다르게 놓습니다.

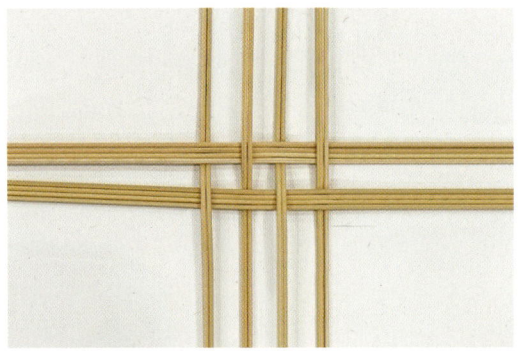 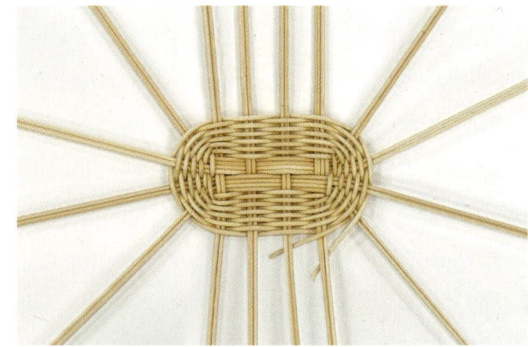

타원 바닥짜기

井자짜기의 변형입니다. 세로 날대의 개수를 추가하며 가로 길이를 확장합니다. 날대의 개수는 작품에 따라 다르게 놓으며 주로 짝수로 완성됩니다.

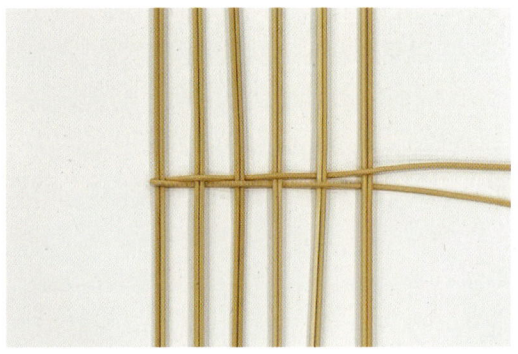 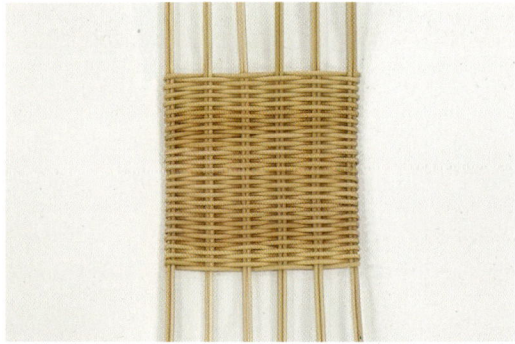

사각 바닥짜기

井자짜기의 변형입니다. 세로 날대의 개수를 추가하며 가로 길이를 확장합니다. 가로의 날대는 작품에 따라 사릿대로 엮어가며 만들어줍니다. 날대의 개수는 작품에 따라 다르게 놓으며 주로 짝수로 완성됩니다.

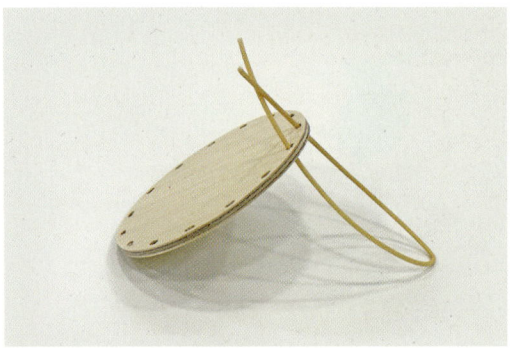 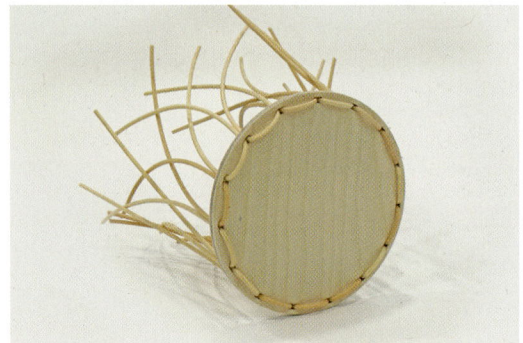

꽂아심기

판재를 사용할 때 날대를 심어주는 방법입니다. 날대를 재단하여 U자 모양으로 접은 후 휘어 끼워줍니다. 바닥 부분이 들뜨지 않도록 납작하게 눌러서 작업합니다.

· 엮기

+(열 십)자짜기의 매끼돌리기

米(쌀 미)자짜기의 매끼돌리기

#(우물 정)자짜기의 매끼돌리기

타원 바닥짜기의 매끼돌리기

매끼돌리기
바닥짜기의 시작으로 배열된 날대를 사릿대로 고정해주는 작업입니다.

엮음에서의 되돌아엮기

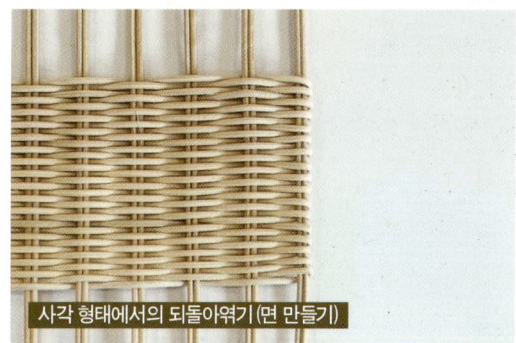

사각 형태에서의 되돌아엮기(면 만들기)

되돌아엮기
사릿대의 진행 방향을 반대쪽으로 돌려주는 방법입니다.

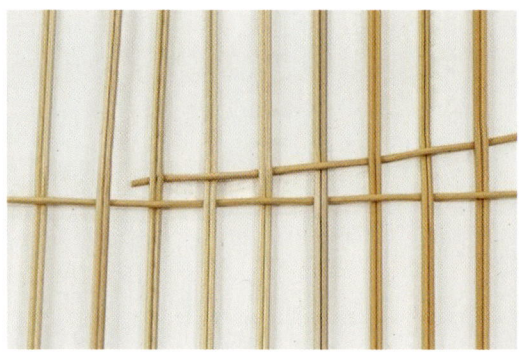

막엮기

한 줄의 사릿대로 날대의 위-아래를 번갈아 가며 엮는 방법입니다. 주로 홀수의 날대일 때 많이 사용합니다.

따라엮기

두 줄의 사릿대로 날대의 위-아래를 번갈아 가며 엮는 방법입니다. 한 줄의 사릿대가 앞선 사릿대를 그대로 따라가며 번갈아 엮습니다. 주로 짝수의 날대일 때 많이 사용합니다.

사선엮기

날대의 사이마다 사릿대를 한 줄씩 넣어 사선 방향으로 엮는 방법입니다. 엮어가는 날대의 개수에 따라 사선의 각도가 달라집니다. 환심/평심/피등 등 다양한 재료로 엮어 무늬를 만들어 작업할 수 있습니다.

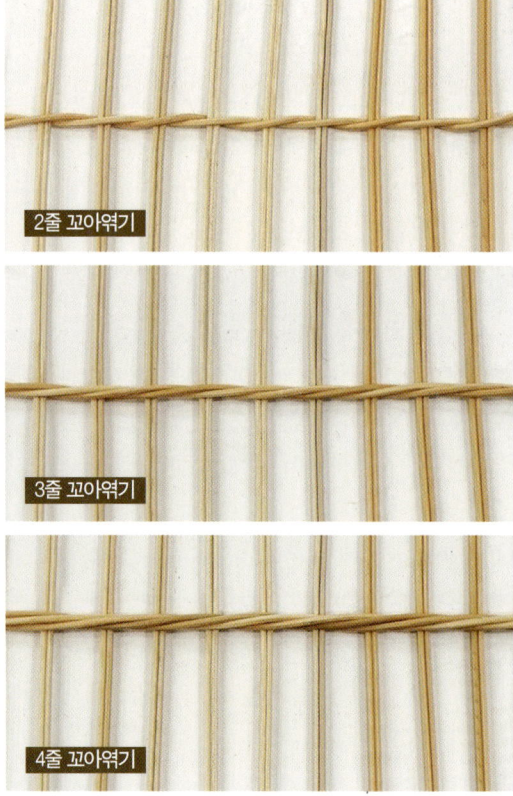

2줄 꼬아엮기

3줄 꼬아엮기

4줄 꼬아엮기

꼬아엮기

사릿대를 서로 꼬아가며 엮는 방법입니다.

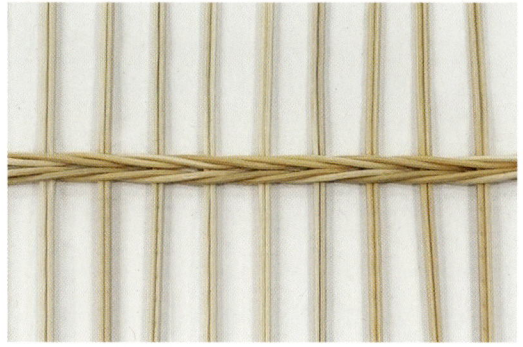

깃털무늬
꼬아엮기의 변형으로 꼬아엮기 2단으로 만드는 무늬입니다. 기본 3줄 꼬아엮기 변형이지만 2줄 꼬아엮기, 4줄 꼬아엮기로도 무늬 표현이 가능합니다.

칸무늬
기존 날대 모양 그대로 유지하며 빈 곳을 만들고 그 위에 꼬아엮기를 한 무늬입니다.

비단무늬
기존 날대를 좌/우로 나누어 짝지은 후 빈 곳을 만들고 그 위에 꼬아엮기를 한 무늬입니다.

빗살무늬
기존 날대를 X자 모양으로 교차해 짝지은 후 빈 곳을 만들고 그 위에 꼬아엮기를 한 무늬입니다.

사선무늬
사선엮기의 변형으로 사릿대가 하나의 날대를 되돌아 엮으며 한 칸씩 지그재그 모양으로 올라가는 무늬입니다. 다양한 재료로 엮어 무늬를 만들어 작업할 수 있습니다.

얽기무늬
날대와 사릿대를 불규칙적으로 얽히게 만들어 다양한 형태와 사이즈의 공간을 만드는 무늬입니다.

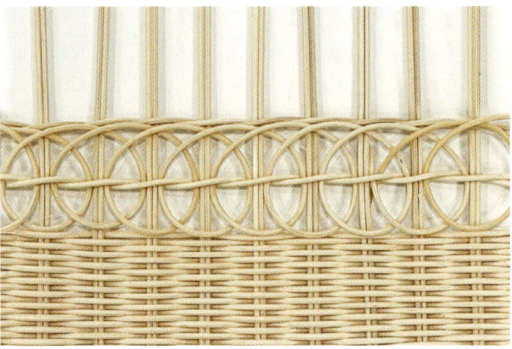

바둑판무늬

3줄 이상 겹치게 엮은 후 다음 칸은 어긋나게 1줄을 엮습니다. 그리고 다시 3줄 이상 겹치게 엮습니다. 여러 단이 쌓이면 바둑판 형태의 무늬로 나타납니다.

수레바퀴무늬

2단의 칸무늬를 엮은 후, 사릿대 1줄로 칸 사이를 둥글게 감아가며 위/아래 총 4칸에 하나의 원형 바퀴 모양을 만드는 무늬입니다.

· 마무리

엮어마무르기

이웃하는 날대의 위-아래 또는 아래-위를 반복해 엮어 마무리하는 방법입니다. 날대를 엮는 횟수는 디자인에 따라 다르게 진행합니다.

꽂아마무르기

이웃하는 날대의 옆에 꽂아 마무리하는 방법입니다.

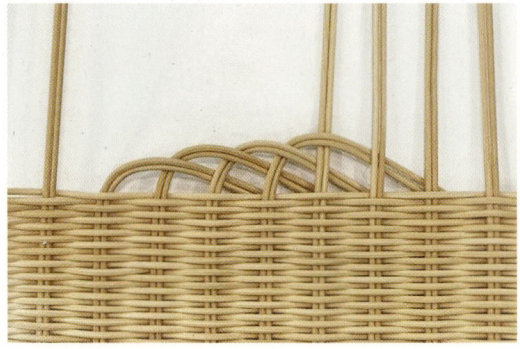 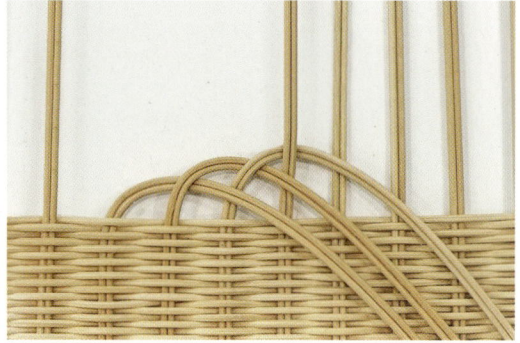

젖혀마무르기

이웃하는 날대를 젖혀 들어가며 나오는 마무리 방법입니다. 보통의 경우에는 젖혀마무르기를 2회 이상 하는 것으로 진행합니다.

감아마무르기

심줄을 덧대어 날대들로 감아가며 진행하는 마무리 방법입니다.

· 손잡이 만들기

느리게감기

손잡이를 달아주는 기본 방법입니다. 굵은 심줄을 덧대어 사릿대로 감아가며 고정시킵니다.

막감기

사릿대 1줄로 칭칭 감아 엮으며 고정하는 방법입니다. 다양한 부분에서 활용됩니다.

1

Clutch Bag

클러치백

HANDMADE RATTAN BAG

no.01

윤근화

폴더클러치

난이도 ★☆☆☆☆

납작한 원을 반으로 접은 형태의 클러치백.
컬러를 입힌 염색 라탄을 사용하거나 모양 단추를 달아
색다른 느낌을 연출할 수 있다.
캐주얼이나 클래식 룩 등 다양한 옷차림에도
잘 어울리는 실용적인 가방.

사이즈

가로 31cm   높이 15cm

재료

1.5mm 환심
사릿대   덧날대 24cm 20줄
날대 50cm 11줄   덧날대 20cm 40줄

부재료

28mm 큐빅 보석 단추   12mm 자석 스냅 단추

사용 기법

十자짜기   매끼돌리기   되돌아엮기   막엮기   꽂아마무르기

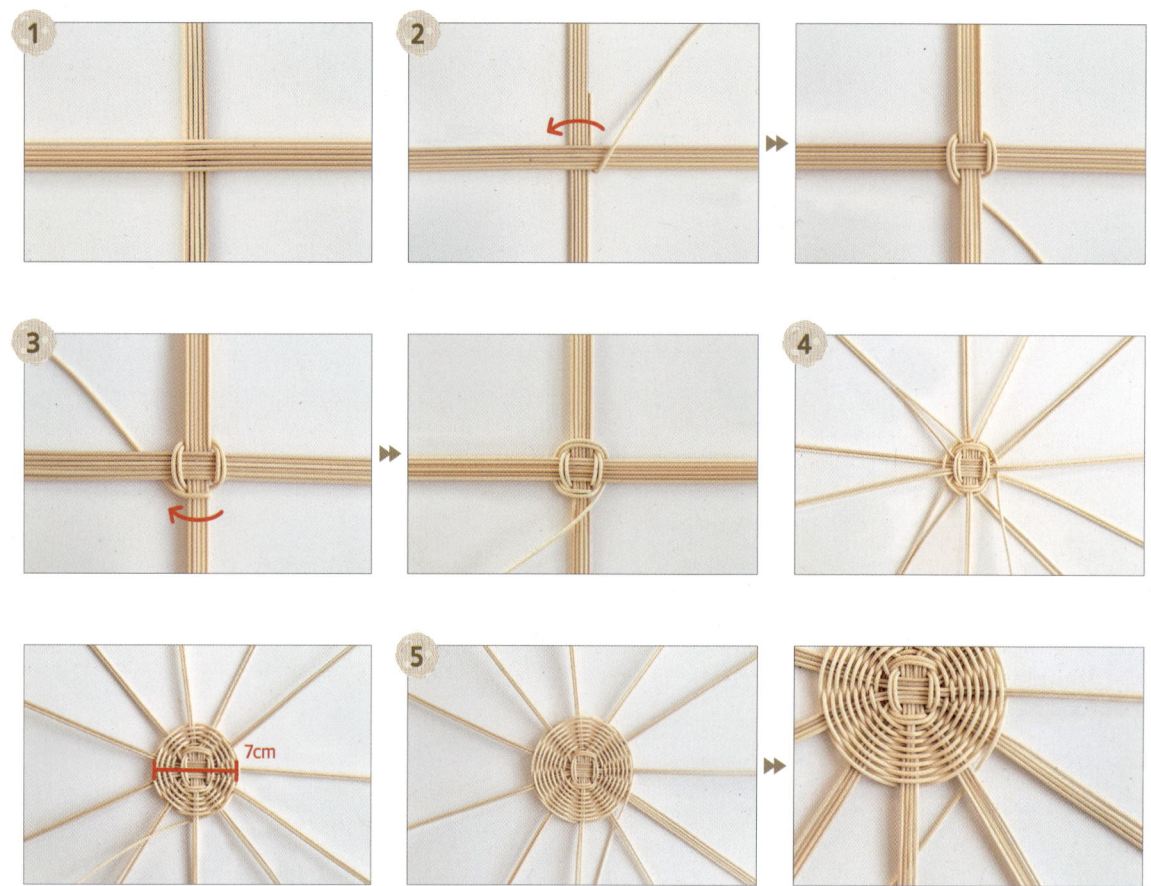

1 11줄의 날대를 가운데 맞춰 가로 6줄, 세로 5줄로 나눠서 十자 모양으로 놓는다.

2 세로 5줄 날대 옆에 사릿대를 걸어주고 매끼돌리기를 2바퀴 한다.

3 되돌아엮기를 2바퀴 한다.

4 모든 날대가 2줄 1조가 되도록 나누면서 막엮기로 지름 7cm까지 엮는다.

5 1조를 제외한 나머지 날대의 좌/우에 24cm의 덧날대를 꽂아 4줄 1조로 만든다.

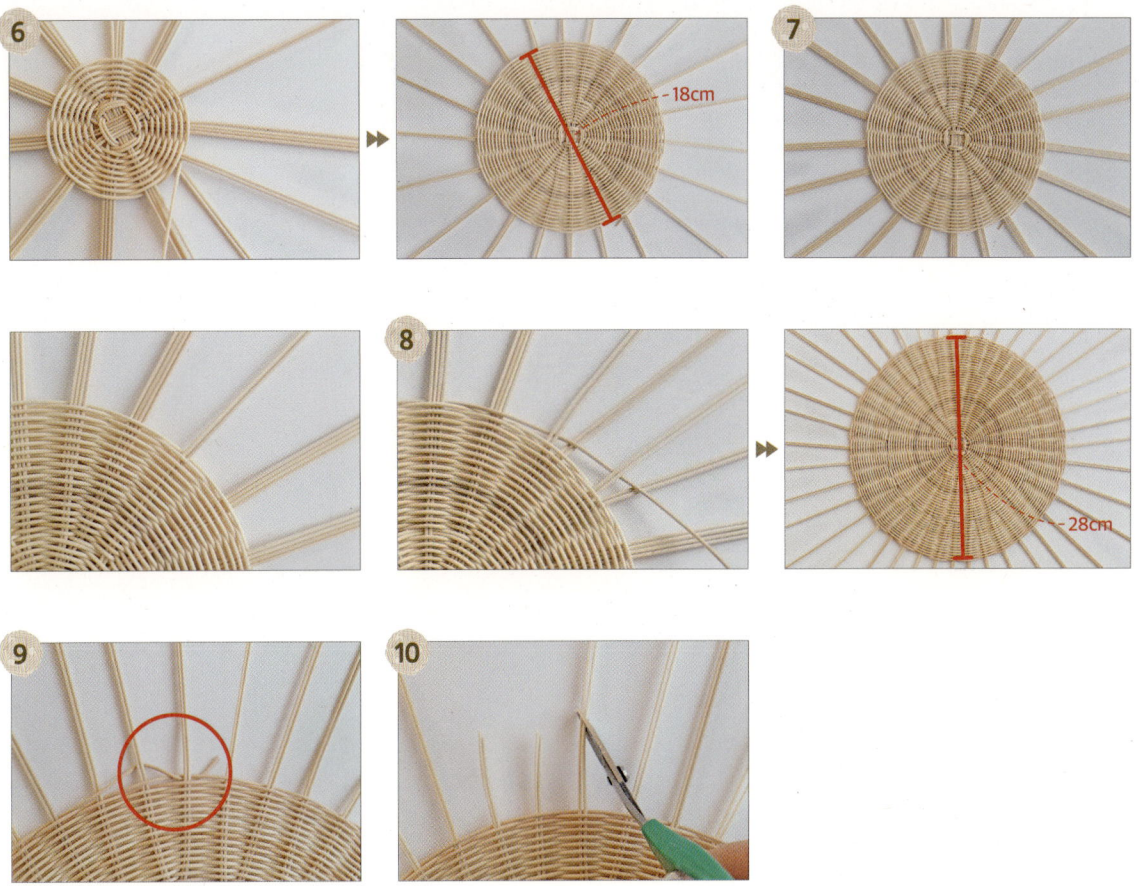

6   4줄 1조의 날대를 다시 막엮기로 2줄 1조가 되도록 나누면서 지름 18cm
    까지 엮는다.

7   1조를 제외한 나머지 날대의 좌/우에 20cm의 덧날대를 꽂아 4줄 1조로
    만든다.

8   4줄 1조의 날대를 다시 막엮기로 2줄 1조가 되도록 나누면서 지름 28cm
    까지 엮는다.

9   아래쪽 엮은 줄 1줄을 들어 사릿대를 아래로 끼워준 후 잘라주고, 사릿대
    연결 부위도 정리한다.

10 모든 날대를 5cm 정도만 남기고 가위로 비스듬히 자른다.

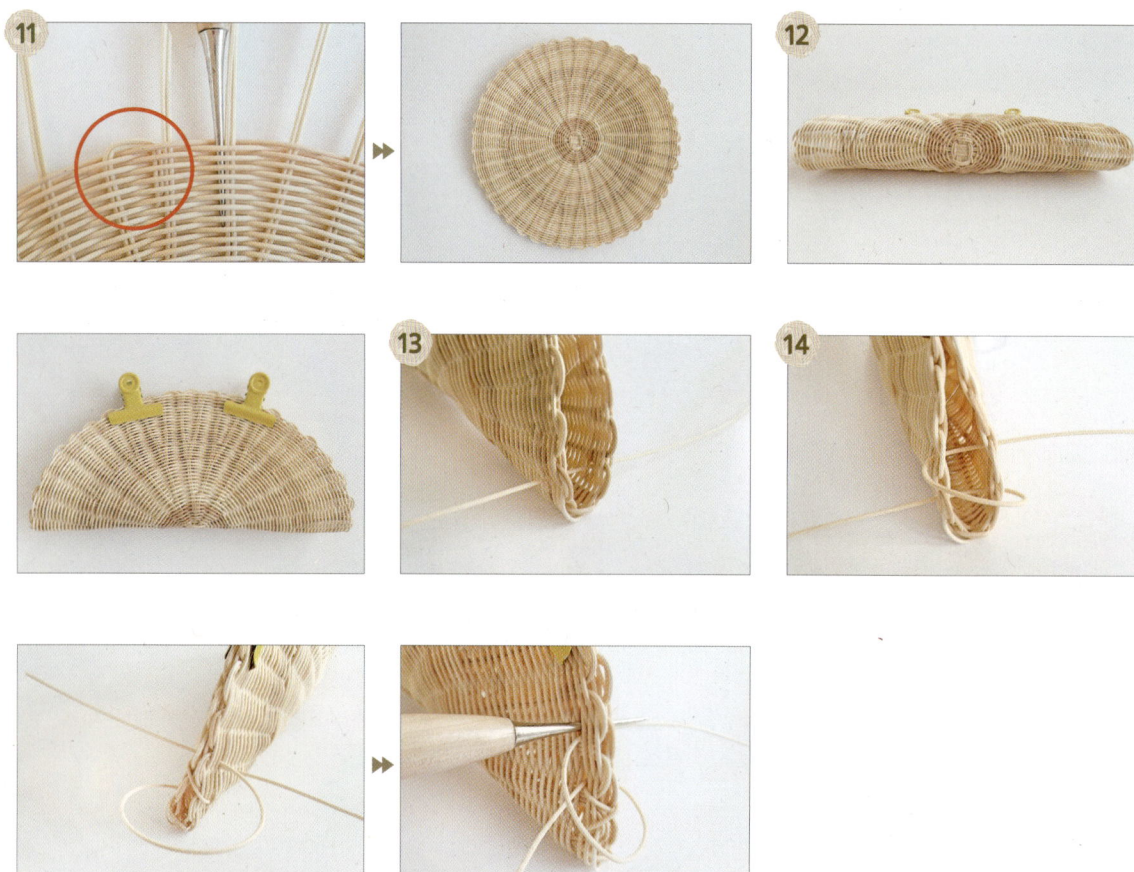

11 송곳을 사용해 날대를 이웃하는 옆날대에 꽂아마무르기를 한다. 날대 길
이는 꽂으면서 조정이 가능하고 조금 더 잘라줘도 괜찮다.

12 원형 형태를 자연스럽게 반으로 접어서 집게 핀으로 고정한다.

13 양쪽 끝에 60cm 사릿대를 끼운다.

14 X자 모양이 되도록 엮어준다. 송곳을 사용하면 더 쉽게 엮을 수 있다.

 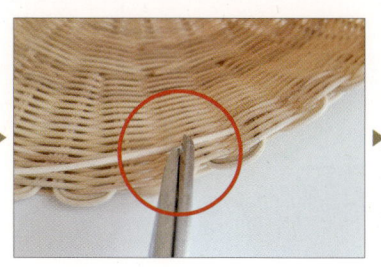 

15 남은 길이의 사릿대는 위아래 꿰매듯이 엮은 후 안쪽에서 가위로 자른다.

16 원하는 위치에 자석 스냅 단추와 큐빅 보석 단추를 붙여 마무리한다.

HANDMADE RATTAN BAG

no.02

윤지영

피등클러치

난이도 ★★☆☆☆

라탄의 껍질에 해당하는 피등을 주된 소재로
사용한 클러치백. 매끄러운 질감으로 그립감이 좋고
내구성이 튼튼하다. 가죽스트랩으로
고급스럽고 클래식한 느낌을 더했다.

사이즈

가로 20cm   세로 10.5cm   폭 4cm

재료

1.5mm 환심   **4mm 피등**
사릿대   사릿대
날대 45cm 22줄

부재료

가죽스트랩 7×36cm

사용 기법

사각 바닥짜기   2줄 꼬아엮기   3줄 꼬아엮기   되돌아엮기   막엮기
하-상-하 엮어마무르기   1줄 건너 젖혀마무르기

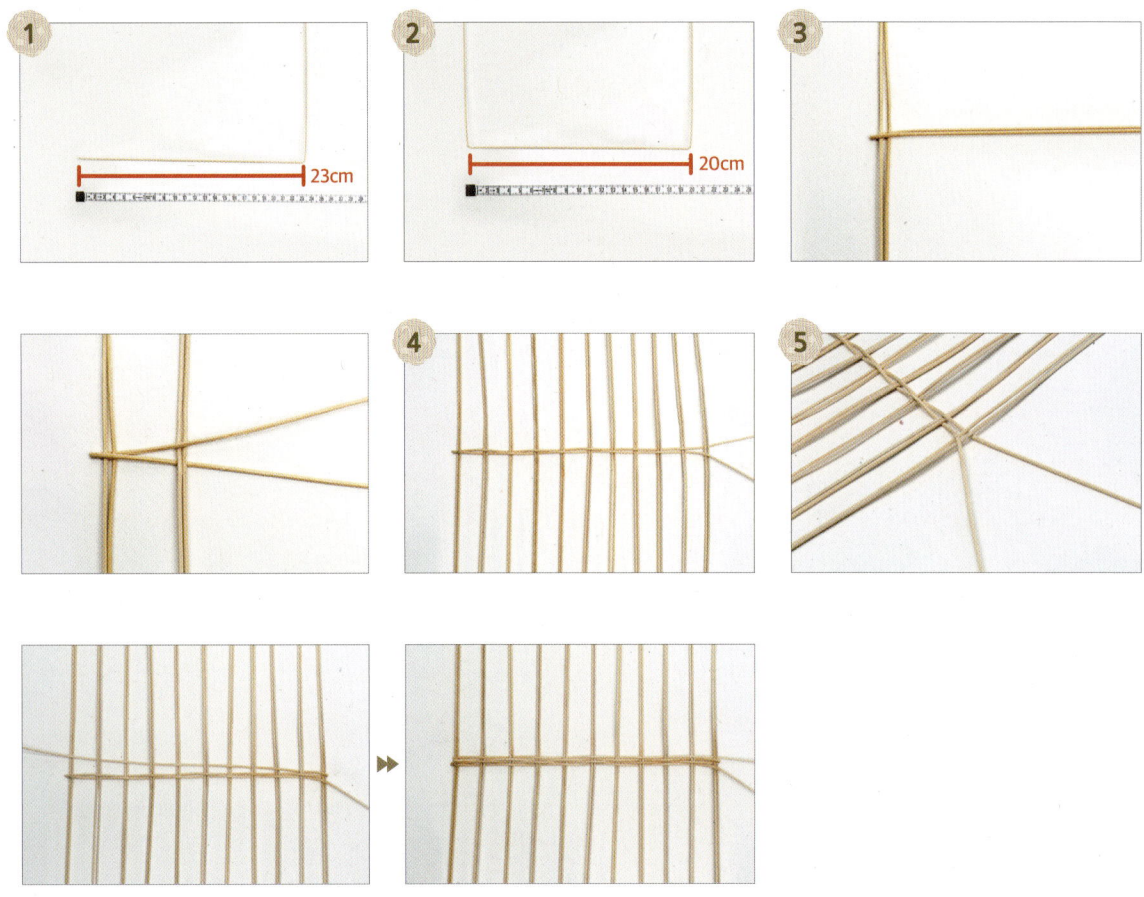

1 사릿대 1줄을 준비해 앞 여유분 23cm(가방 높이+마무리 분량)를 접어 표시한다.

2 앞 여유분을 표시한 부분부터 20cm(가로 바닥 사이즈)를 접어 표시한다.

3 43cm(앞 여유분+가로 바닥 사이즈)를 접어 고리로 만들고 45cm 세로 날대의 가운데 부분에 맞춰 2줄 1조씩 井자짜기 변형으로 배열한다.

4 **과정 2**에서 접어둔 가로 바닥 사이즈 표시 부분까지 2줄 1조의 세로 날대 11조를 균일한 간격으로 배열한다.

5 20cm(가로 바닥 사이즈)에 맞춰 양쪽으로 되돌아엮기를 하며 막엮기로 엮는다.

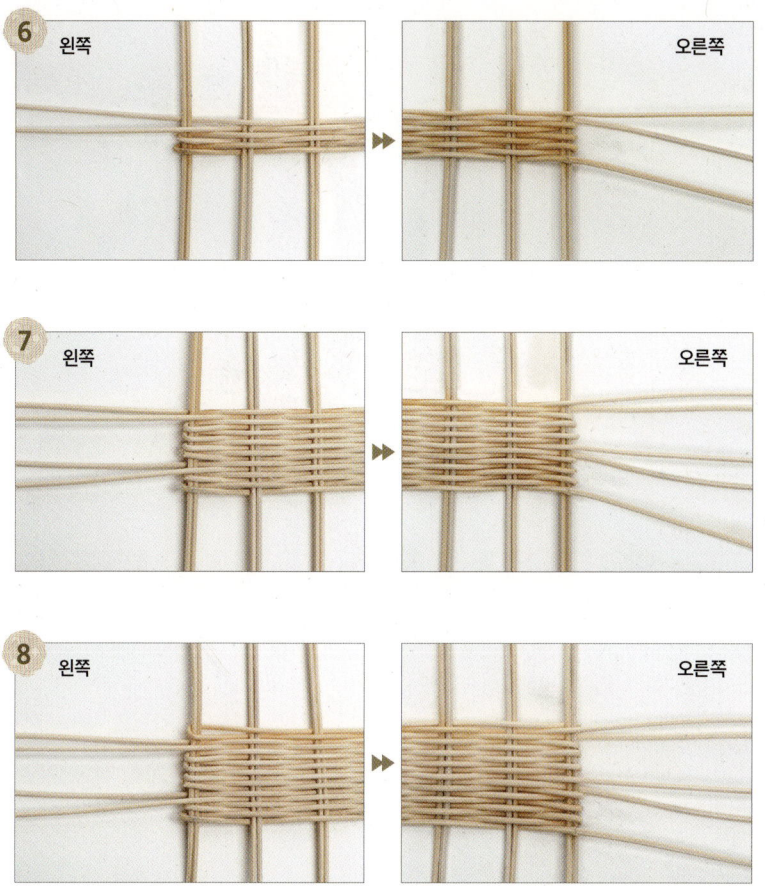

6 되돌아엮기로 왼쪽 2회, 오른쪽 3회가 되면 2줄 1조의 23cm 가로 날대를
　추가해 만든다.

7 되돌아엮기로 왼쪽 4회, 오른쪽 3회가 되면 엮던 사릿대에 2줄 1조의
　23cm 가로 날대를 추가해 만든다.

8 왼쪽에서 되돌아엮기를 1회 하고, 오른쪽 되돌아엮기 라인에 맞춰 자른다.

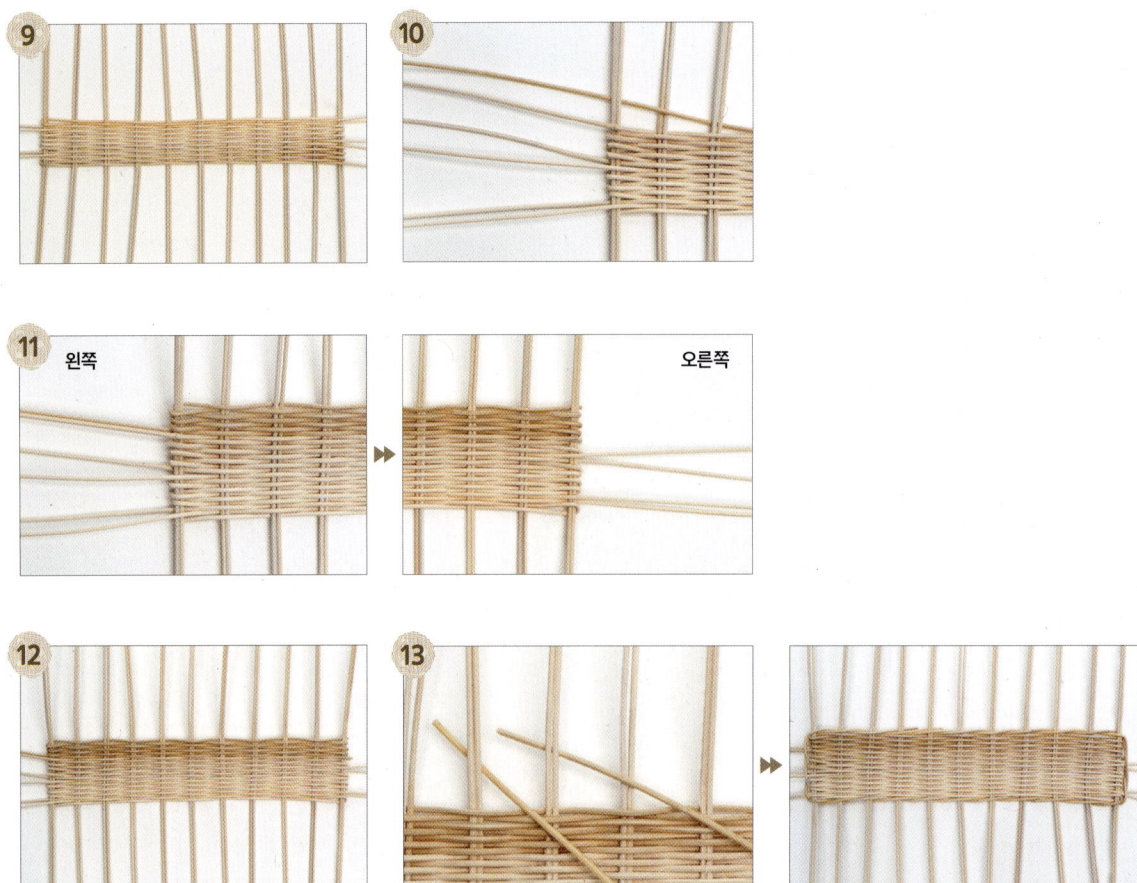

9   가로 날대가 좌/우 2조씩(시작 여유분 제외) 총 4조가 되게 만든다.

10 사각 바닥의 반이 완성되면, 위/아래를 180도 회전시켜 처음 만들어준 앞 여유분 23cm에 새로운 사릿대 1줄을 추가한다.

11 되돌아엮기로 왼쪽 3회, 오른쪽 5회가 되면 엮던 사릿대는 되돌아엮기한 라인에 맞춰 자른다.

12 가로 날대가 좌로 3조, 우로 2조 이렇게 총 5조가 되게 만든다.

13 사릿대 2줄을 추가해 2줄 꼬아엮기로 1바퀴 엮은 후 모든 사릿대는 자른다.

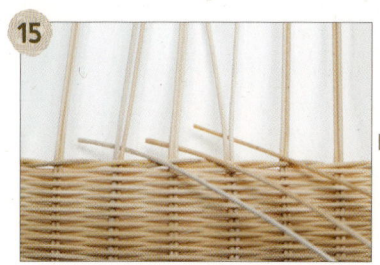

14 보이는 부분이 겉면이 되도록 뒤집고 날대를 모두 위로 꺾어 세운다.

15 바닥이 몸을 향하게 놓는다. 사릿대 3줄을 추가해 각도가 직각이 되도록
세워가며 3줄 꼬아엮기로 4바퀴 엮은 후 모든 사릿대는 자른다.

16 4mm 피등 1줄을 추가해 날대의 각도를 직각으로 유지하며 막엮기로 18
칸 엮은 후 모든 사릿대는 자른다.

17 사릿대 2줄을 추가해 2줄 꼬아엮기로 5바퀴 엮은 후 모든 사릿대는 자른다.

18 2줄 1조의 날대 중 오른쪽 날대를 짧게 자른다.

19 1줄의 날대로 하-상-하 엮어마무르기를 한다.

20 가방 안쪽에서 1줄 건너 젖혀마무르기를 한다. 모든 날대와 사릿대 연결 부분을 잘라서 정리한다.

21 가로 중앙에 7×36cm 가죽스트랩을 바느질 또는 접착제로 부착해 마무리한다.

2

Tote Bag

토트백

HANDMADE RATTAN BAG

no.03

유선미

PP사각백

난이도 ★★☆☆☆

두 가지 라탄 재료와 PP백의 믹스 앤드 매치.
다양한 질감과 시원시원한 느낌의 라탄 무늬로
캐주얼한 분위기를 풍길 수 있다.
여름철 해변이나 야외에서 스타일링하기 좋은 아이템.

사이즈
라탄백

| 가로 23cm | 세로 13cm | 높이 19cm |

PP백

| 가로 25cm | 세로 14cm | 높이 32cm(손잡이 높이 포함) |

재료
2mm 환심   **7mm 평심**
사릿대
날대 55cm 30줄

부재료
사각형 합판 23×13cm(타공 30개)
PP백 25×14×32cm

사용 기법
꽂아심기　따라엮기　막엮기　1칸 건너 꽂아마무르기

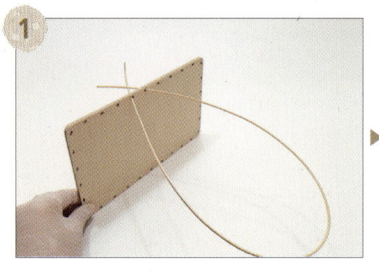

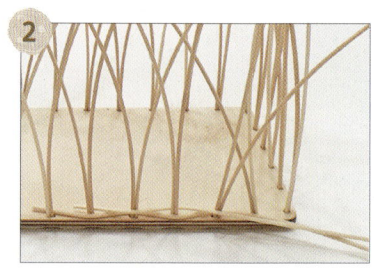

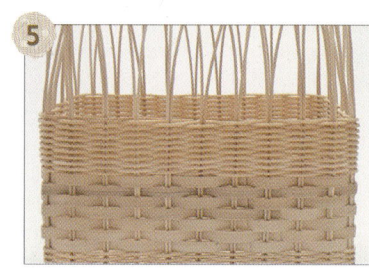

1   30줄의 날대를 반으로 접어 합판의 아래에서 위로 꽂아 심는다.

2   새로운 사릿대 2줄을 추가해 날대를 직각으로 유지하며 따라엮기를 3cm 까지 한 후 사릿대를 자른다.

3   7mm 평심 1줄을 추가해 날대를 직각으로 유지하며 막엮기로 1단을 엮는 다. 끝나는 부분은 2칸 정도 겹치게 자른다.

4   **과정 3**과 같은 방법으로 7단을 엮는다.

5   새로운 사릿대 2줄을 추가해 날대를 직각으로 유지하며 따라엮기를 4cm 까지 한다. 그 후 사릿대를 자른다.

6   **과정 3**을 반복해 3단을 엮는다.

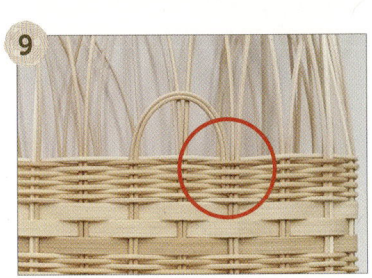

7   새로운 사릿대 2줄을 추가해 날대를 직각으로 유지하며 따라엮기를 2cm 까지 한다. 그 후 사릿대를 자른다.

8   마지막 사릿대 1줄은 아래쪽에 엮은 1칸을 들어 끼워넣는다.

9   남아있는 날대를 오른쪽 방향으로 1칸 건너 꽂아마무르기를 한다(꽂아마 무르기 높이 3cm).

10   남아있는 날대와 사릿대 연결 부분을 정리한 후 PP백에 넣어 마무리한다.

김수현

쉘백

난이도 ★★★☆☆

조개 모양의 주름이 포인트.
심플한 라탄에 염색을 하거나 주름 부분에 사용하는
원단을 다양한 소재로 믹스해보자.
시원한 린넨에서 따듯한 퍼 원단, 사계절 무난한 가죽까지
어떤 원단과도 자연스럽게 어울리기에
사계절 다양하게 연출 가능한 가방.

사이즈

가로 27cm   세로 23cm   폭 15cm

재료   **부재료**

2mm 환심   원단
사릿대   조리개 끈
날대 45cm 66줄   가죽 덮개

사용 기법

사각 바닥짜기   막엮기   되돌아엮기   2줄 꼬아엮기
안1조-밖1조 2번 젖혀마무르기   1줄 건너 젖혀마무르기

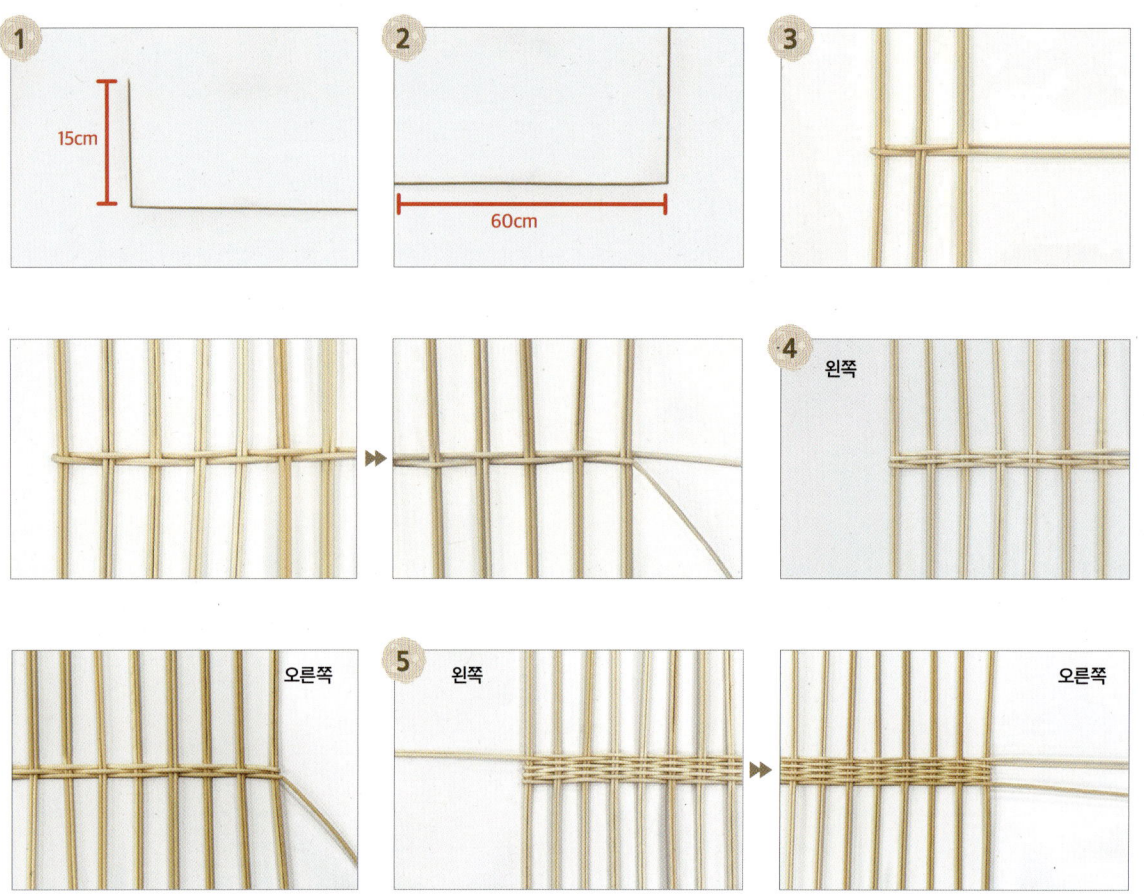

1 사릿대 1줄을 준비해 앞 여유분 15cm(가로 날대+마무리 분량)를 접어 표 시한다.

2 앞 여유분을 표시한 부분부터 60cm(가로 바닥 사이즈)를 접어 표시한다.

3 75cm(앞 여유분+가로 바닥 사이즈)를 접어 고리를 만들고 45cm 세로 날 대의 가운데 부분을 맞춰 2줄 1조씩 井자짜기 변형으로 배열한다.

4 날대 사이 간격을 균일하게 배열하고 60cm(가로 바닥 사이즈)에 맞춰 양 쪽으로 되돌아엮기를 하며 33조의 날대를 막엮기로 엮는다.

5 양쪽으로 3회 왕복마다 2줄 1조의 15cm 가로 날대를 추가해 만든다.

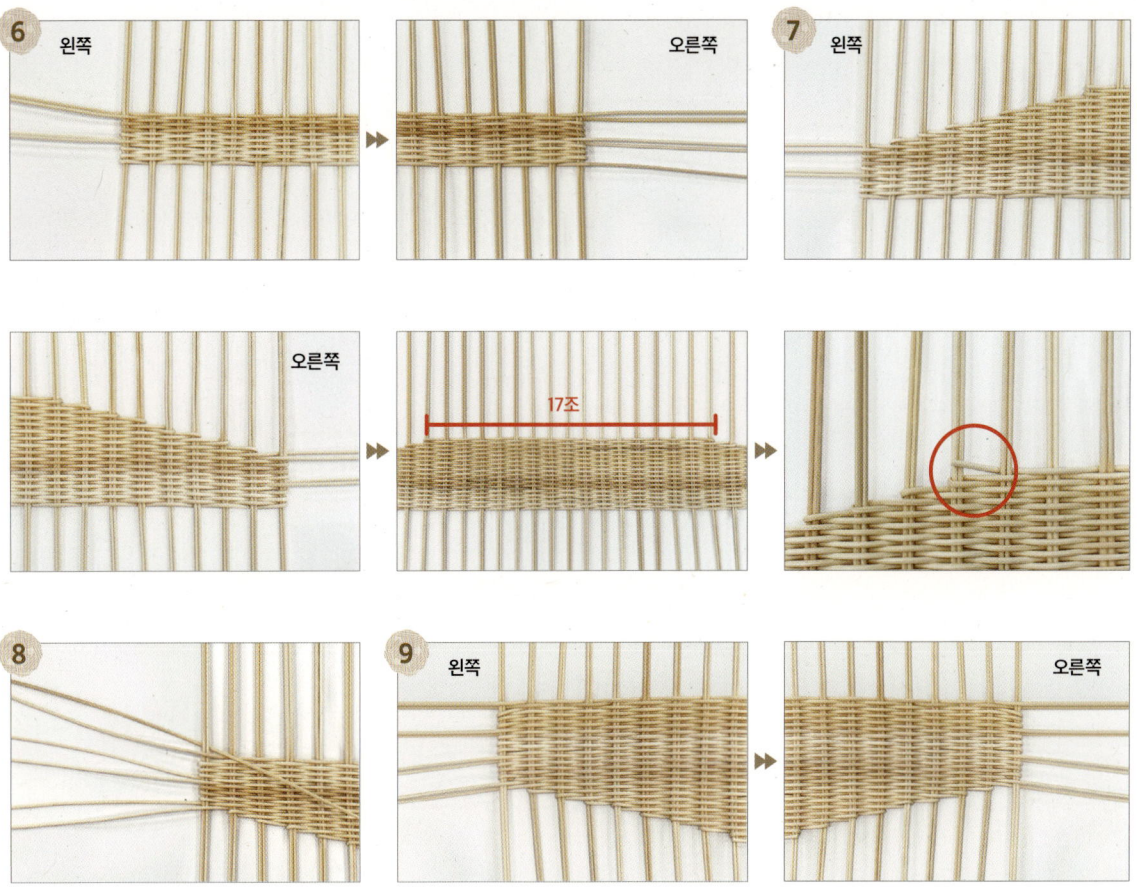

6 가로 날대가 한쪽으로 2조, 양쪽으로 4조가 되게 한다. 사릿대는 자르지 않는다.

7 양쪽 끝 세로 날대를 제외한 나머지 날대의 좌/우를 1조씩 줄여가며 왕복 8회 되돌아엮기를 한다. 마지막 되돌아엮기 날대는 17조가 되게 한다. 사릿대는 마지막 되돌아엮기에 맞춰 자른다.

8 위/아래를 180도 회전시켜 처음 만들어준 앞 여유분 15cm 분량에 새로운 사릿대 1줄을 추가해 2줄 1조가 되게 만든다.

9 **과정 5~6**을 반복하여 가로 날대가 한쪽으로 4조, 양쪽으로 8조가 되게 한다. 사릿대는 자르지 않는다.

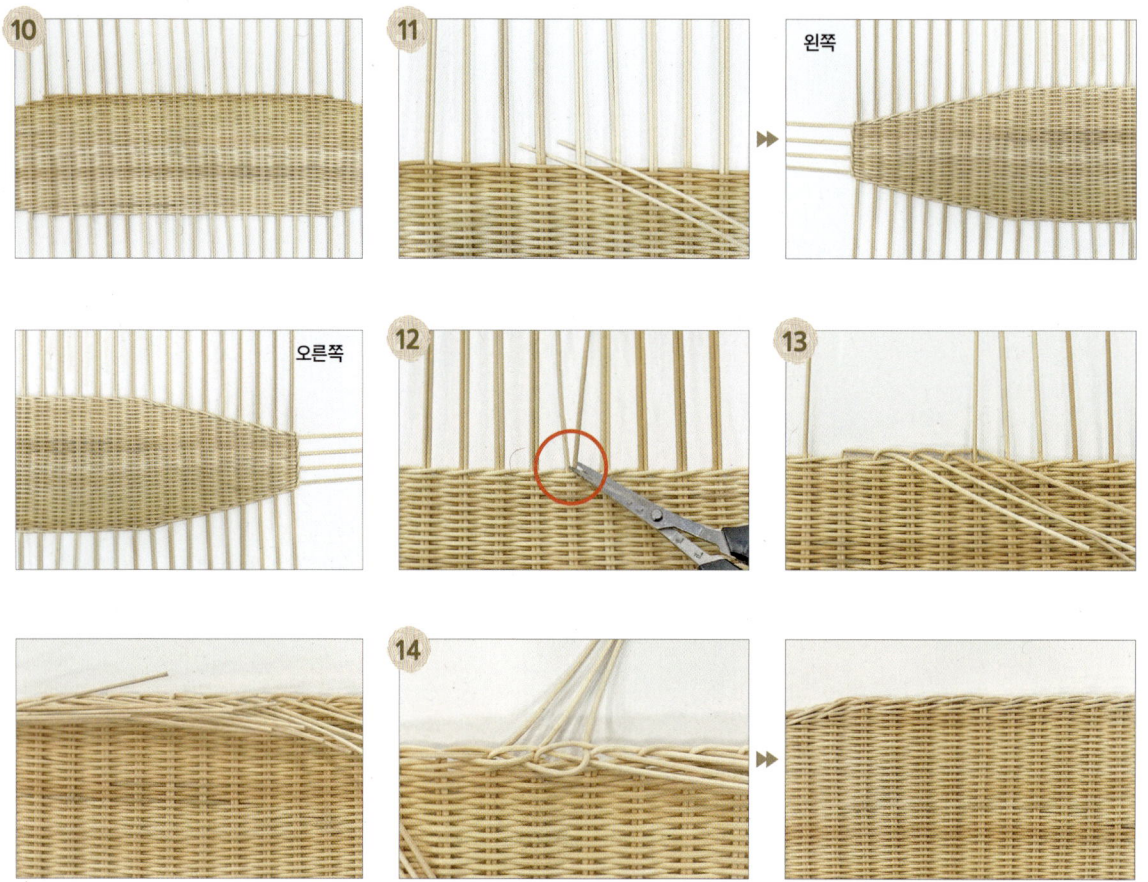

10 **과정 7**을 반복한다. 사릿대는 마지막 되돌아엮기에 맞춰 자른다.

11 사릿대 2줄을 추가해 2줄 꼬아엮기를 1바퀴 한다. 사릿대는 모두 자른다.

12 2줄 1조의 날대 중 오른쪽 날대 1줄을 잘라 1줄 1조가 되게 한다.

13 안1조-밖1조 2번 젖혀마무르기를 한다(안1조 작업).

14 안1조-밖1조 2번 젖혀마무르기를 한다(밖1조 작업).

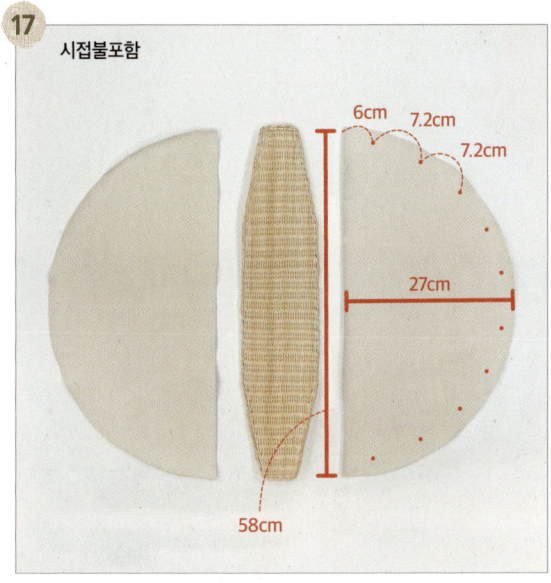

시접불포함

6cm 7.2cm
7.2cm
27cm
58cm

15 뒤쪽에서 1줄 건너 젖혀마무르기를 1번 한다.

16 남아 있는 날대를 자르고 사릿대 연결 부위를 정리해 몸판을 완성한다.

17 주름 부분을 원단으로 재단하여 라탄 몸판과 연결한다.

18 완성된 가방을 확인하며 최종 마무리한다.

유선미

원통레이스백

난이도 ★★★☆☆

레이스 파우치로 여성스러운 느낌을 살린
원통레이스백. 이너백의 패턴과 소재에 따라
사계절 무난하게 들 수 있고,
손잡이, 조리개끈 등 다양한 부재료를 사용해
나만의 스타일에 맞게 연출할 수 있는
다양한 변화가 가능한 활용도 높은 가방.

사이즈
위 직경 14cm   바닥 직경 15cm   높이 18cm

재료   **부재료**
2mm 환심   가죽 손잡이 1.5×45cm
사릿대   레이스 파우치 1개
날대 95cm 15줄
덧날대 43cm 28줄

사용 기법
十자짜기   매끼돌리기   되돌아엮기   막엮기   2줄 꼬아엮기   깃털무늬
비단무늬   안1조-밖1조 2번 젖혀마무르기   1줄 건너 젖혀마무르기

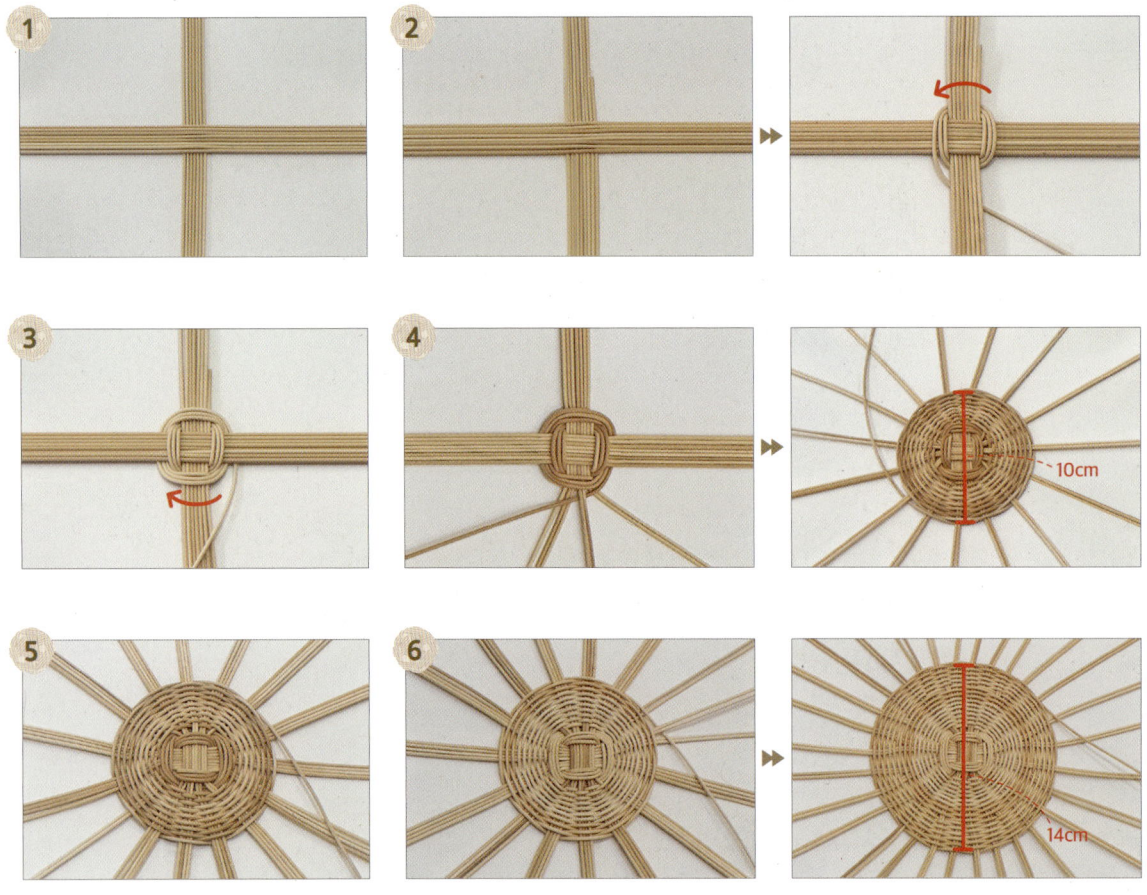

1   15줄의 날대를 가운데 맞춰 가로 8줄, 세로 7줄로 나눠서 十자 모양으로
    놓는다.

2   세로 7줄 날대 옆에 사릿대를 걸어주고 매끼돌리기를 3바퀴 한다.

3   되돌아엮기를 3바퀴 한다.

4   모든 날대가 2줄 1조가 되도록 나누면서 막엮기로 지름 10cm까지 엮는다.

5   1조를 제외한 나머지 날대의 좌/우에 43cm의 덧날대를 꽂아 4줄 1조로
    만든다.

6   4줄 1조의 날대를 다시 막엮기로 2줄 1조가 되도록 나누면서 지름 14cm
    까지 엮는다.

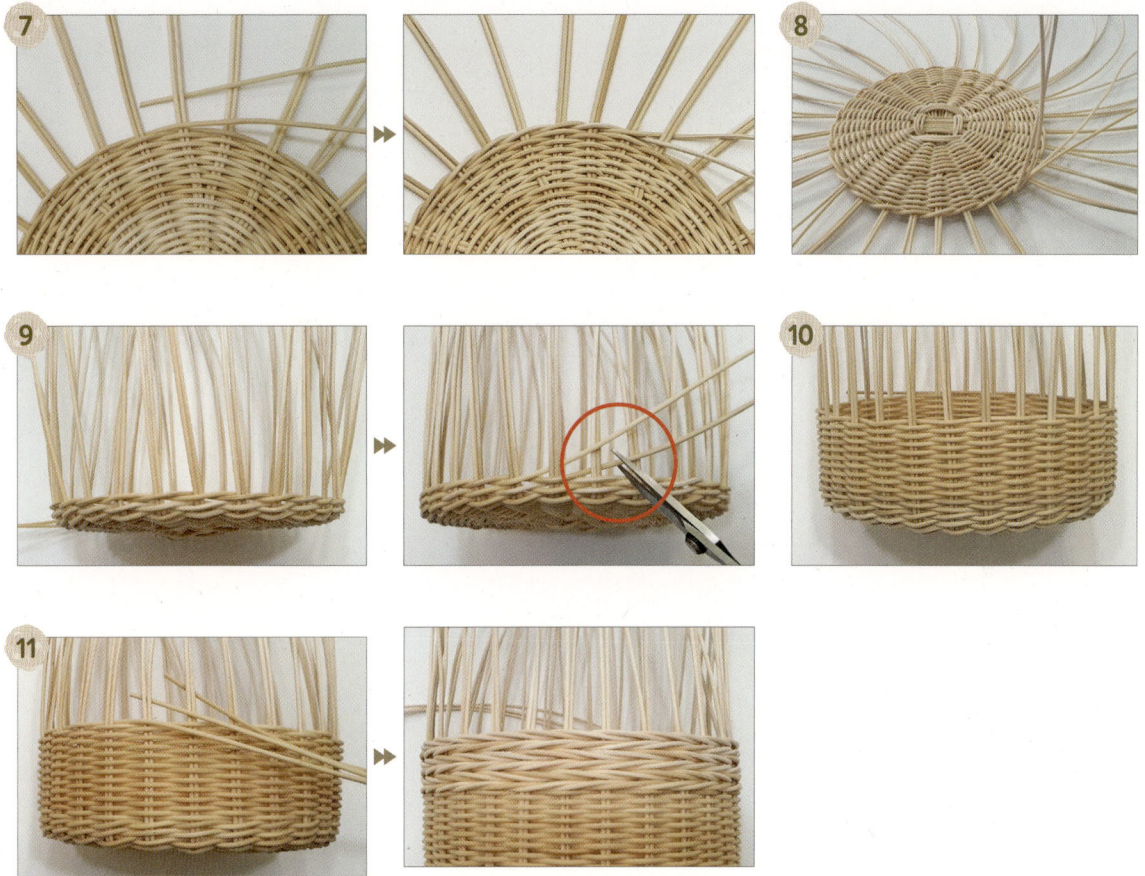

7   새로운 사릿대 1줄을 추가해 2줄 꼬아엮기를 1단 한다. 사릿대는 자르지 않는다.

8   보이는 부분이 겉면이 되도록 뒤집고 모든 날대를 위로 꺾어 세운다.

9   기존에 엮던 사릿대로 직각을 유지하면서 2줄 꼬아엮기를 3단 한다. 그 후 사릿대 1줄을 자른다.

10   남은 사릿대로 날대의 각도를 유지하면서 막엮기로 전체 높이 5cm까지 엮는다.

11   새로운 사릿대 2줄을 추가해 깃털무늬를 3단 한다. 그 후 모든 사릿대는 자른다.

12 높이 2cm 위에서 고리 형태의 2줄 꼬아엮기로 1바퀴 엮으면서 비단무늬를 1단 한다.

13 새로운 사릿대 1줄을 추가해 안쪽으로 살짝 오므리며, 깃털무늬를 2단 한다. 그 후 사릿대 2줄을 자른다.

14 각도를 유지하며 막엮기를 3cm 한다.

15 새로운 사릿대 2줄을 추가해 깃털무늬를 2단 한 후 모든 사릿대는 자른다.

16 안1조-밖1조 2번 젖혀마무르기를 한다(안1조 작업).

17 안1조-밖1조 2번 젖혀마무르기를 한다(밖1조 작업).

18 안쪽에서 1줄 건너 젖혀마무르기를 한다.

19 남아있는 날대와 사릿대 연결 부분을 가위로 정리한다.

20 원하는 위치에 가죽 손잡이를 달아주고 마무리한다.

윤지영

원형탬버린백

난이도 ★★★★☆

염색 라탄으로 포인트를 더해
매력이 배가된 탬버린 형태의 가방.
어떤 색상의 라탄과 이너백을 사용하느냐에 따라
바캉스, 휴양지 같은 여행지뿐만 아니라
일상에서도 편하게 들고 다니기 좋다.

사이즈

가로 20cm	세로 18cm	폭 9cm

재료

2mm 환심	**1.5mm 환심**
사릿대	사릿대
날대 45cm 38줄	

부재료

가죽끈 1.5 x 53cm 2줄	파우치 1개

사용 기법

米자짜기   매끼돌리기   되돌아엮기   막엮기   하-상-하 엮어마무르기
3줄 꼬아엮기

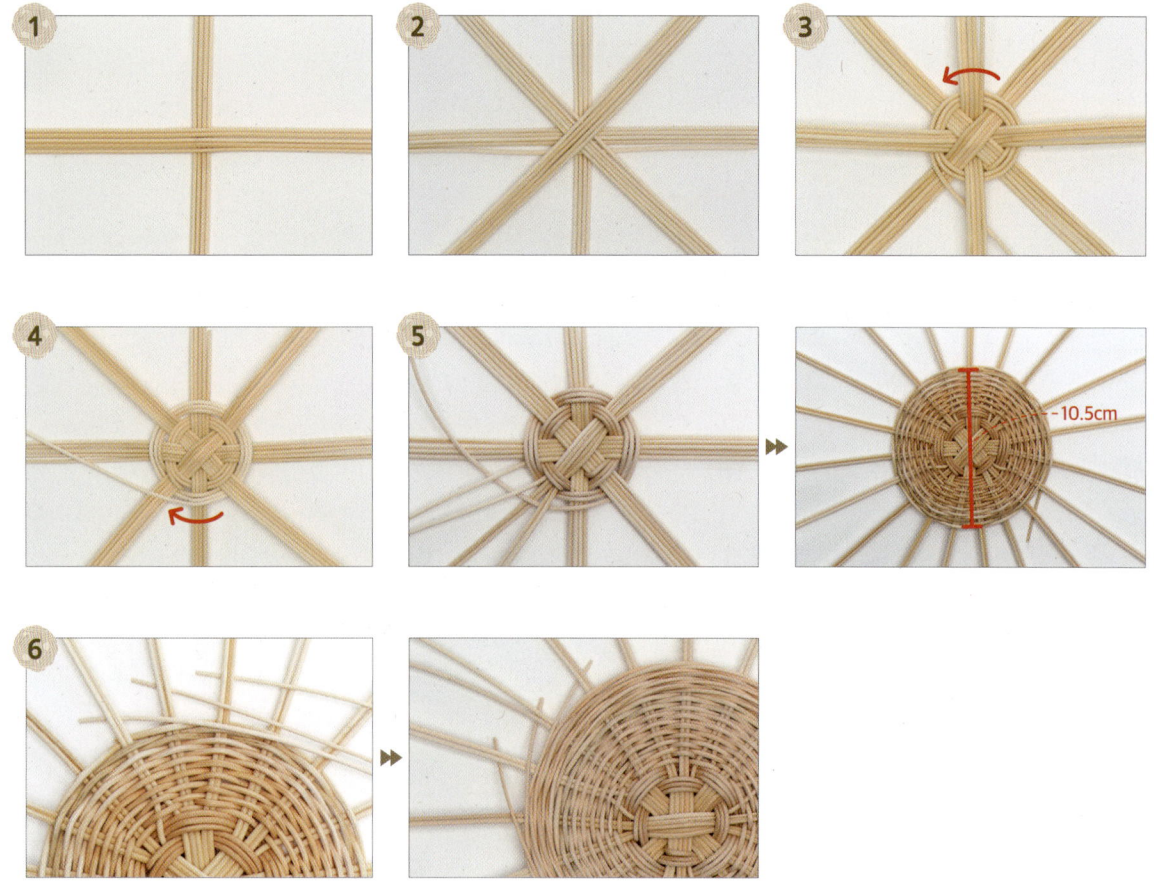

1 9줄의 날대를 가운데 맞춰 가로 5줄, 세로 4줄로 나눠서 十자 모양으로 놓는다.

2 十자 모양으로 놓인 날대 위로 새로운 날대 10줄을 5줄씩 나눠 대각선으로 놓아 米자 모양을 만든다.

3 세로 4줄 날대 옆에 2mm 사릿대를 걸어주고 매끼돌리기를 3바퀴 한다.

4 되돌아엮기를 3바퀴 한다.

5 모든 날대가 2줄 1조가 되도록 나누면서 막엮기로 지름 10.5cm까지 엮는다. 그 후 사릿대는 모두 자른다.

6 1.5mm 사릿대 3줄을 추가해 3줄 꼬아엮기로 4바퀴 엮는다. 그 후 사릿대는 모두 자른다.

7   2줄 1조의 날대 중 오른쪽 날대를 가위로 짧게 자른다.

8   남은 왼쪽 날대는 11cm 길이로 자른다.

9   총 19개의 날대를 시작점으로부터 8개의 날대만 하-상-하 엮어마무르기
를 한다.

10   **과정 1~9**까지 한 번 더 반복해 총 2판을 만든다.

11   2개의 판이 맞물리게 겹쳐두고, 위 판의 날대를 아래 판 날대 옆에 꽂는다.

12   아래 판의 날대도 위 판 날대 옆에 꽂는다.

13 사릿대 1줄을 가운데 날대 정도 위치에 추가해 엮는다. 끝 쪽 날대에 오면 되돌아엮기를 한다.

14 양쪽으로 되돌아엮기를 왕복 11회 한다. 사릿대는 날대의 가운데 위치 정도에서 자른다.

15 반대쪽 부분도 각도를 맞춰 **과정 13~14**를 반복한다.

16 가운데 생긴 틈에는 새로운 사릿대 1줄을 한쪽의 사릿대 끝난 부분에 맞춰 걸어준 후 비어있는 틈만큼 양쪽에 되돌아엮기로 채운다. 사릿대 자르는 부분도 반대쪽의 사릿대 끝난 부분에 맞춰 걸어준 후 자른다.

17 남아있는 날대와 사릿대 부분을 정리한다.

18 3줄 꼬아엮기와 막엮기 사이 손잡이를 달고 싶은 위치에 송곳을 사용해 틈을 벌린다.

19 벌린 틈에 가죽끈을 끼워 핸드백 손잡이를 달아주고 마무리한다.

윤지영

사각커버백

난이도 ★★★★★

몸통과 뚜껑을 따로 만들어 연결한 사각커버백.
각진 형태의 가방에 염색 라탄과 가죽패치 잠금 장식으로
빈티지하면서 단정한 느낌을 더했다.
청바지, 원피스 등 어떠한 룩에도 자연스럽게 어울린다.

사이즈

가로 20cm   세로 13cm   폭 10cm

재료

4mm 평심
사릿대

1.5mm 환심
사릿대(연결)

2mm 환심
사릿대
날대 66cm 18줄(몸통)
날대 35cm 18줄(뚜껑)

부재료
가방 손잡이 11.5×8cm / 두께 5t
사시꼬미 장식 가죽패치
가죽두께 약 2mm / 하단 40×42mm / 상단 37×54mm

사용 기법

사각 바닥짜기   막엮기   따라엮기   2줄 꼬아엮기   3줄 꼬아엮기
하-상 엮어 마무르기   안1조-밖2조 2번 젖혀마무르기   되돌아엮기
1줄 건너 젖혀마무르기   안1조-밖1조 2번 젖혀마무르기

몸통

1   사릿대 1줄을 준비해 앞 여유분 30cm(가방 높이+마무리 분량)를 접어
     표시한다.

2   앞 여유분을 표시한 부분부터 16cm(가로 바닥 사이즈)를 접어 표시한다.

3   46cm(앞 여유분+가로 바닥 사이즈)를 접어 고리로 만들고 66cm 세로
     날대의 가운데 부분에 맞춰 2줄 1조씩 井자짜기 변형으로 배열한다.

4   과정 2에서 접어둔 가로 바닥 사이즈 표시 부분까지 2줄 1조의 세로 날대
     9조를 균일한 간격으로 배열한다.

5   16cm(가로 바닥 사이즈)에 맞춰 양쪽으로 되돌아엮기를 하며 막엮기로
     엮는다.

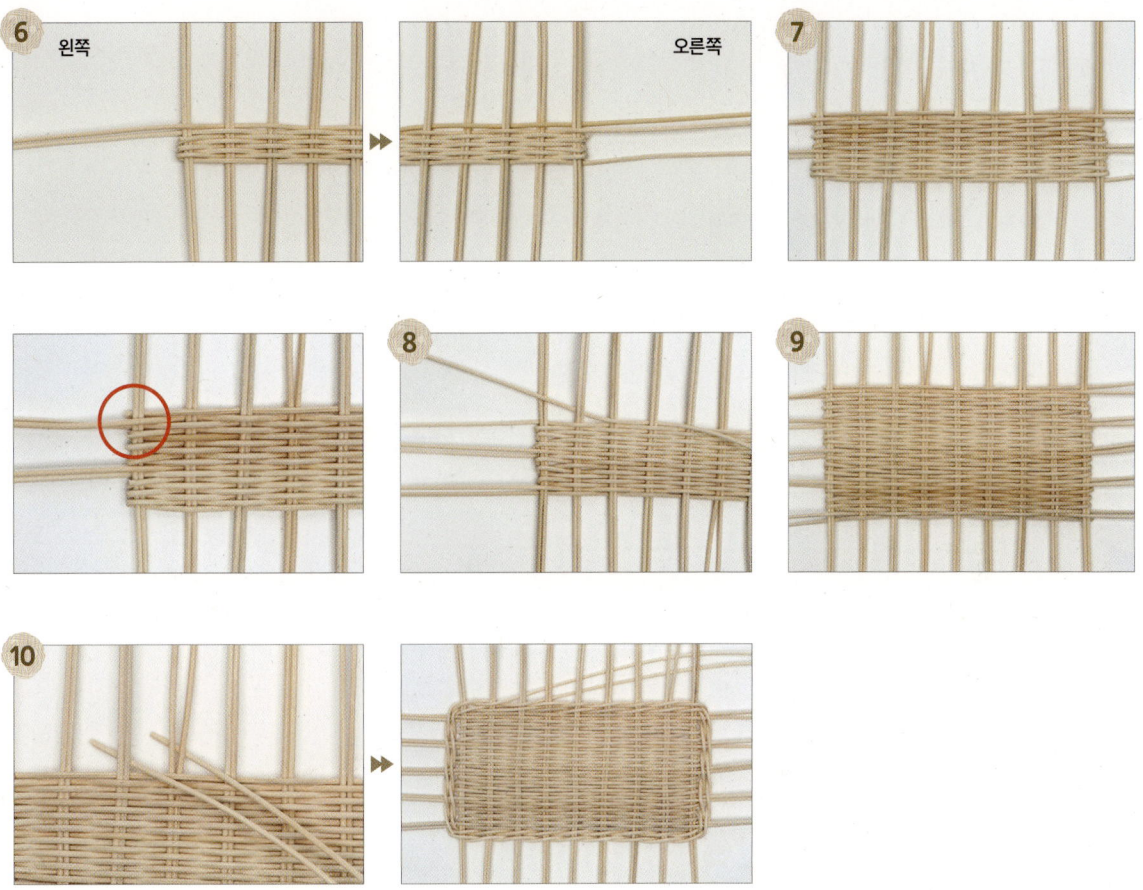

6 양쪽으로 되돌아엮기 3회 왕복마다 30cm의 가로 날대를 추가해 2줄 1조로 만든다.

7 가로 날대가 좌/우 2조씩 양쪽으로 4조가 되게 만든다. 사릿대는 되돌아엮기한 라인에 맞춰 자른다.

8 위/아래를 180도 회전시켜 처음 앞 여유분 30cm에 새로운 사릿대 1줄을 추가해 2줄 1조로 만든다.

9 **과정 6**을 반복하면서 가로 날대가 좌/우 5조씩 총 10조가 되게 만든다. 사릿대는 되돌아엮기한 라인에 맞춰 자른다.

10 사릿대 2줄을 추가해 2줄 꼬아엮기로 2바퀴 엮는다. 사릿대는 자르지 않는다.

11 보이는 부분이 겉면이 되도록 뒤집고 날대를 모두 위로 꺾어 세운다.

12 가방의 바닥면이 몸을 향하게 놓고, 날대의 각도가 직각이 되도록 주의하며 기존의 사릿대로 2줄 꼬아엮기를 3바퀴 한다.

13 따라엮기로 전체 높이 3cm까지 엮는다. 모든 사릿대는 자른다.

14 4mm 평심 1줄을 추가해 날대 2줄 1조로 1회, 날대 1줄 1조로 1회씩 엮는다. 날대를 직각으로 유지하면서 총 6칸을 엮는다.

15 2mm 환심의 사릿대 2줄을 추가해 날대의 각도가 직각이 되도록 유지하며 따라엮기를 2.5cm 한다.

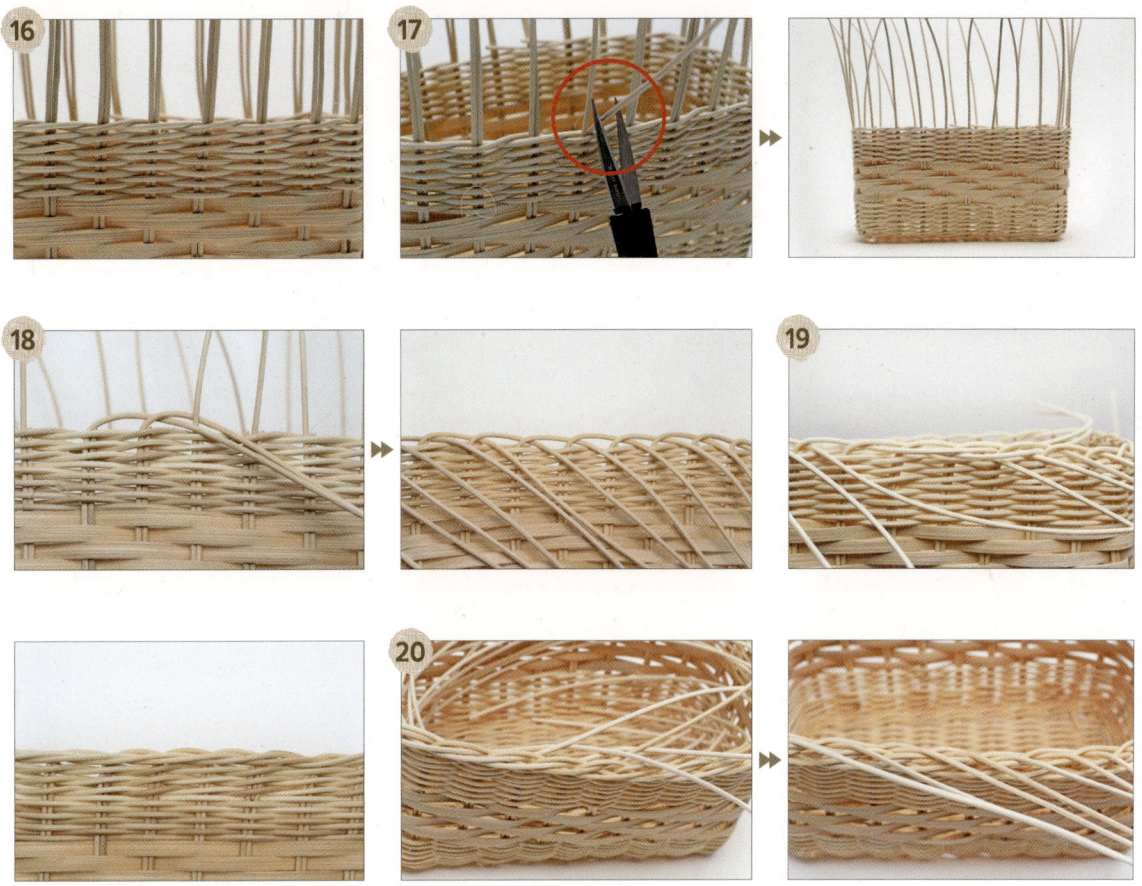

16 기존의 사릿대로 2줄 꼬아엮기를 3바퀴 한다. 모든 사릿대는 자른다.

17 2줄 1조의 날대 중 오른쪽 날대를 짧게 자른다.

18 안1조-밖2조 2번 젖혀마무르기를 한다(안1조 작업).

19 안1조-밖2조 2번 젖혀마무르기를 한다(밖2조 작업).

20 안쪽에서 1줄의 사릿대로 하-상 엮어마무르기를 하고 모든 날대가 밖으로 나오도록 1바퀴 엮는다.

21 날대를 직각으로 만들면서 고리형 2줄 꼬아엮기로 높이 1.5cm까지 엮는다. 모든 사릿대는 자른다.

22 안1조-밖1조 2번 젖혀마무르기를 한다(안1조 작업).

23 안1조-밖1조 2번 젖혀마무르기를 한다(밖1조 작업).

24 안쪽에서 1줄 건너 젖혀마무르기를 한다.

25 남아있는 날대를 자르고, 사릿대 연결 부분도 정리한다.

뚜껑

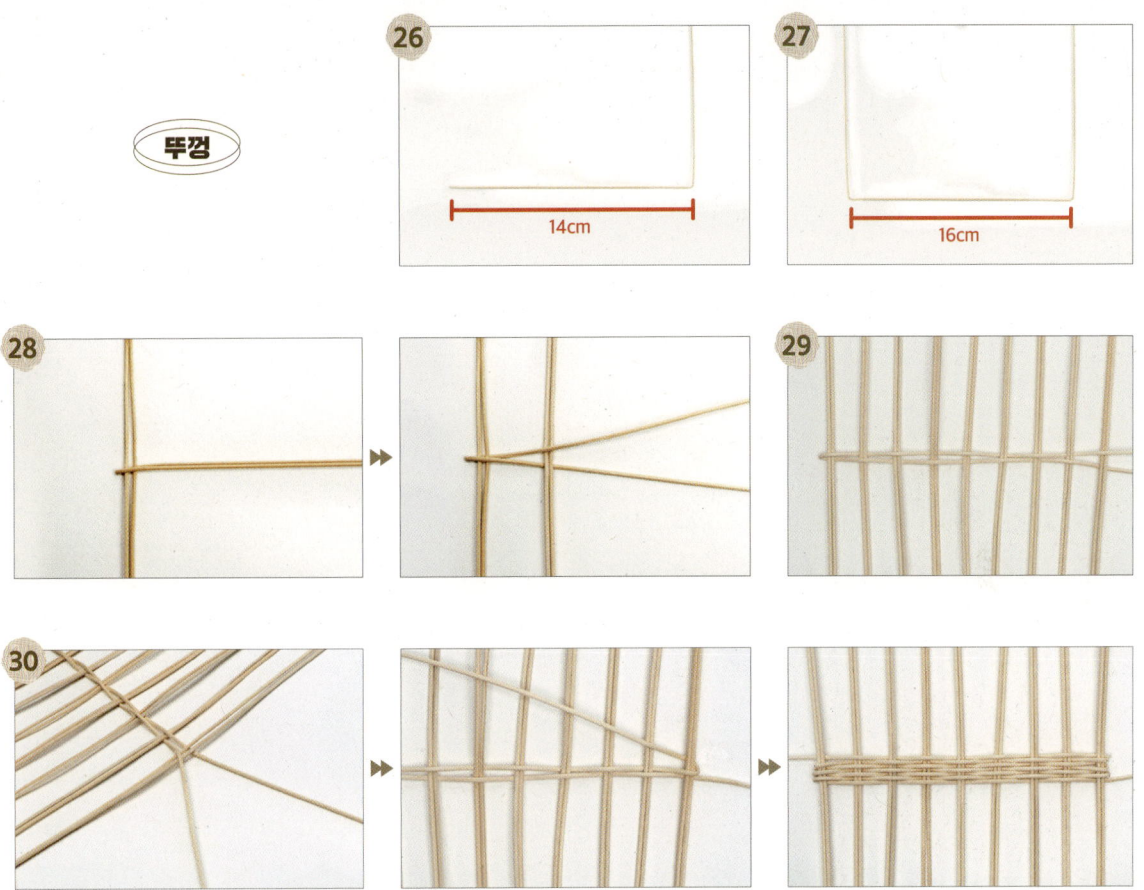

26 사릿대 1줄을 준비해 앞 여유분 14cm(가방 뚜껑 높이+마무리 분량)를 접어 표시한다.

27 앞 여유분을 표시한 부분부터 16cm(가로 바닥 사이즈)를 접어 표시한다.

28 30cm(앞 여유분+가로 바닥 사이즈)를 접어 고리로 만들고 35cm 세로 날대의 가운데 부분에 맞춰 2줄 1조씩 井자짜기 변형으로 배열한다.

29 **과정 27**에서 접어둔 가로 바닥 사이즈 표시 부분까지 2줄 1조의 세로 날대 9조를 균일한 간격으로 배열한다.

30 16cm(가로 바닥 사이즈)에 맞춰 양쪽으로 되돌아엮기를 하며 막엮기로 엮는다.

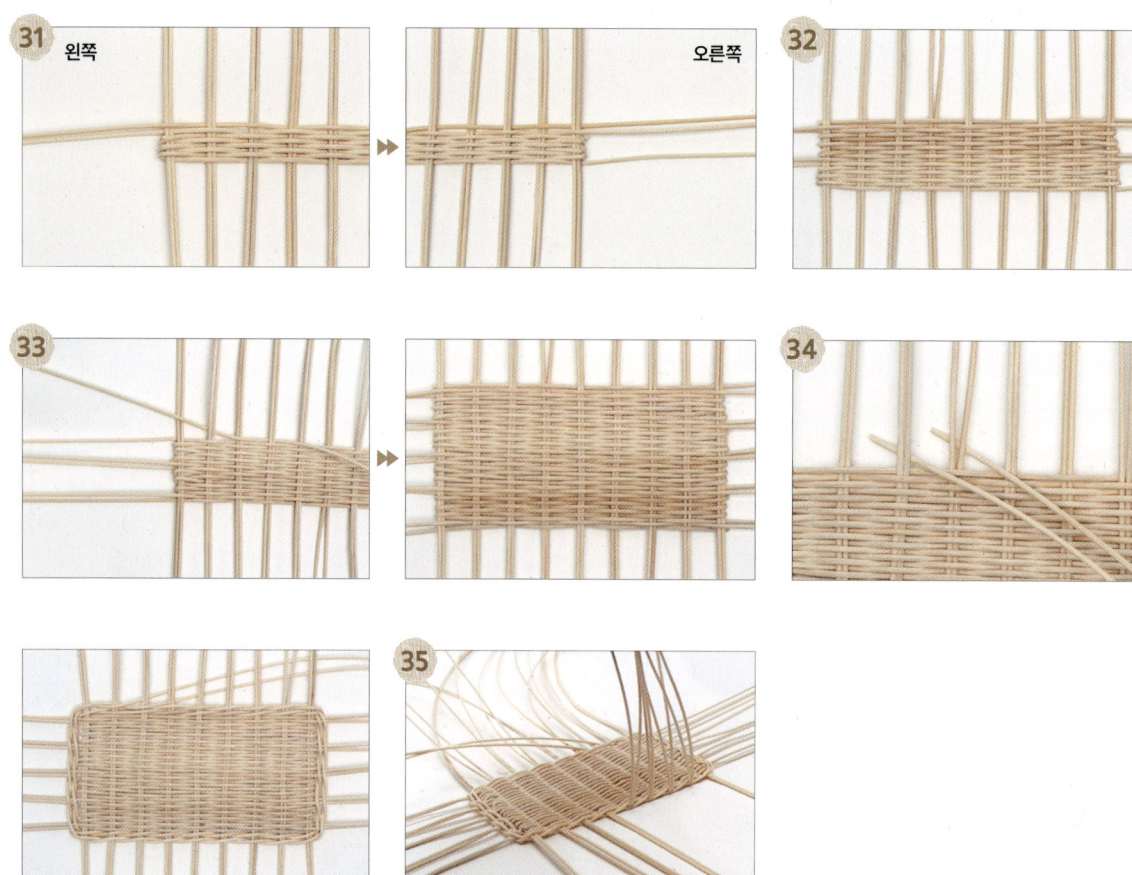

31 양쪽으로 되돌아엮기 3회 왕복마다 14cm의 가로 날대를 추가해 2줄 1조
    로 만든다.

32 가로 날대가 좌/우 2조씩 양쪽으로 4조가 되게 만든다. 엮던 사릿대는 되
    돌아엮기한 라인에 맞춰 자른다.

33 위/아래를 180도 회전시켜 처음 앞 여유분 14cm에 새로운 사릿대 1줄을
    추가해 2줄 1조로 만든다. **과정 31**을 반복하면서 가로 날대를 좌/우 5조
    씩 10조로 만든다. 사릿대는 되돌아엮기한 라인에 맞춰 자른다.

34 사릿대 2줄을 추가해 2줄 꼬아엮기로 2바퀴 엮는다. 사릿대는 자르지 않
    는다.

35 보이는 부분이 겉면이 되도록 뒤집고 날대를 모두 위로 꺾어 세운다.

36 새로운 사릿대 1줄을 추가해 날대의 각도가 직각이 되도록 주의하며 3줄
    꼬아엮기로 7바퀴 엮는다. 모든 사릿대는 자른다.

37 2줄 1조의 날대 중 오른쪽 날대를 가위로 짧게 자른다.

38 안1조-밖2조 2번 젖혀마무르기를 한다(안1조 작업).

39 안1조-밖2조 2번 젖혀마무르기를 한다(밖2조 작업).

40 남아있는 날대를 자르고, 사릿대 연결 부분도 정리한다.

41 나무 손잡이를 막감기로 원하는 폭만큼 감는다.

42 남은 길이의 사릿대는 날대를 사이에 두고 바느질하듯이 엮어 안쪽으로 숨긴다.

43 남아있는 사릿대를 정리한 후 마무리한다.

연결

44 원하는 위치에 1.5mm 환심 사릿대를 추가한다. 몸통은 2줄 꼬아엮기와 젖혀마무르기 사이, 뚜껑은 3줄 꼬아엮기와 젖혀마무르기 사이에 추가하는 것을 추천한다.

45 몸통과 뚜껑을 3바퀴 감은 후 남은 길이의 사릿대는 날대를 사이에 두고 바느질하듯이 엮어 안쪽으로 숨긴다.

46 **과정 44~45**까지 반복해 총 두 군데를 연결한다.

47 잠금 장식을 달아 마무리한다.

3

Cross Bag

크로스백

HANDMADE RATTAN BAG

no.08

정무영

우드탬버린백

난이도 ★★☆☆☆

타원형 나무 합판을 사용해 쉽고 간단하게
만들어볼 수 있는 우드탬버린백.
좋아하는 색상의 원단을 합판에 붙이거나
그림을 그려넣어 나만의 개성을 더할 수 있다.
여기에 가방끈의 소재를 다양하게 활용하면
색다른 느낌을 낼 수 있다.

사이즈
가로 26cm   세로 16.5cm   폭 8cm

재료
2mm 환심
날대 47cm 66줄

부재료
타원형 합판 26×16cm 2개(타공 33개)
가방끈

사용 기법
꽂아심기   막엮기   되돌아엮기   상-하 엮어마무르기   2줄 꼬아엮기
안1조-밖2조 2번 젖혀마무르기   1줄 건너 젖혀마무르기

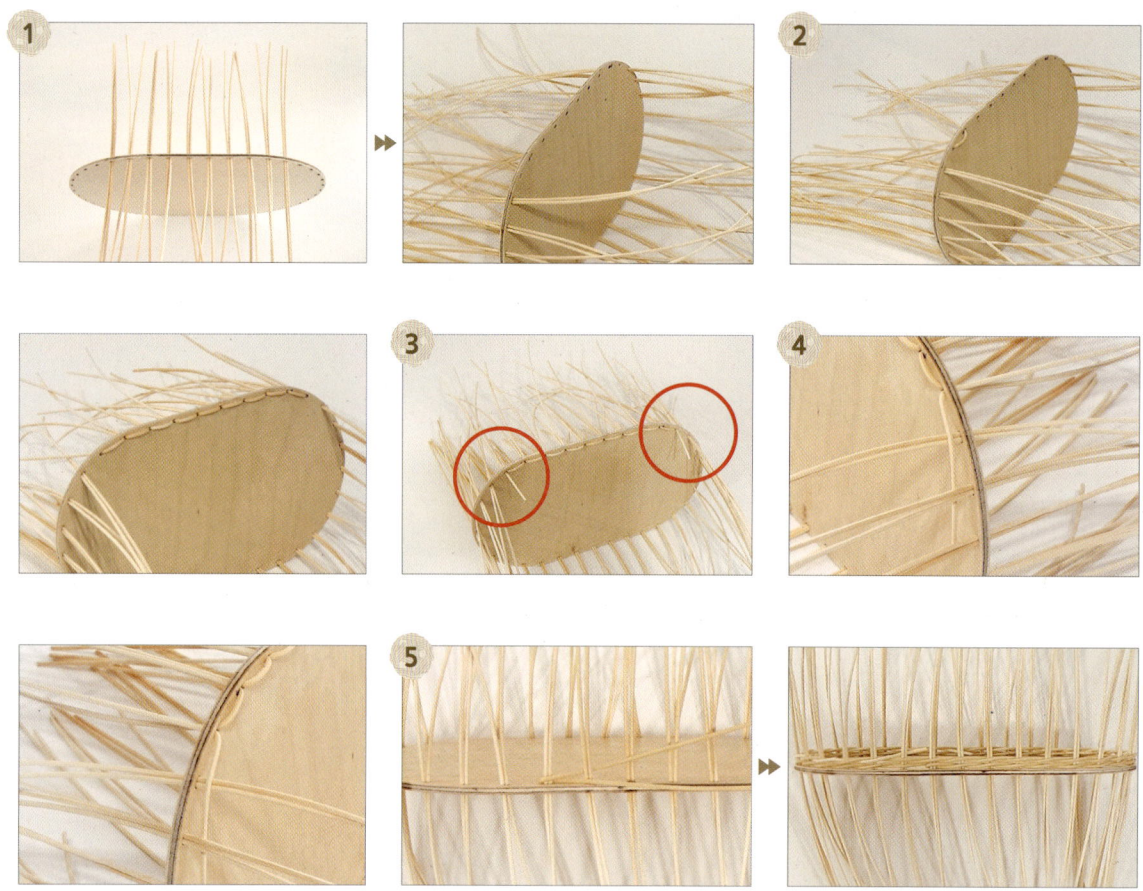

1 자작나무 합판에서 가방 입구가 될 구멍 10개를 제외한 나머지 구멍에
   47cm 환심을 2줄씩 끼운다. 이때 20cm와 27cm로 나눠서 배열한다.

2 가방 입구가 될 구멍에 47cm 환심을 반으로 접어서 꽂아 심는다.

3 가방 입구 중 양쪽 끝 날대 1줄 1조의 옆에 47cm 환심을 반으로 잘라
   27cm 날대쪽으로 6cm 정도 끼워 넣어 2줄 1조로 만든다.

4 **과정 3**에서 2줄 1조를 만들며 추가로 끼워준 날대는 옆에 위치한 27cm
   분량의 날대에 상-하로 걸치며 엮어마무르기를 한다(가방의 안쪽 면).

5 바깥쪽에서 고리형 2줄 꼬아엮기를 2단 한다. 모든 사릿대는 자른다.

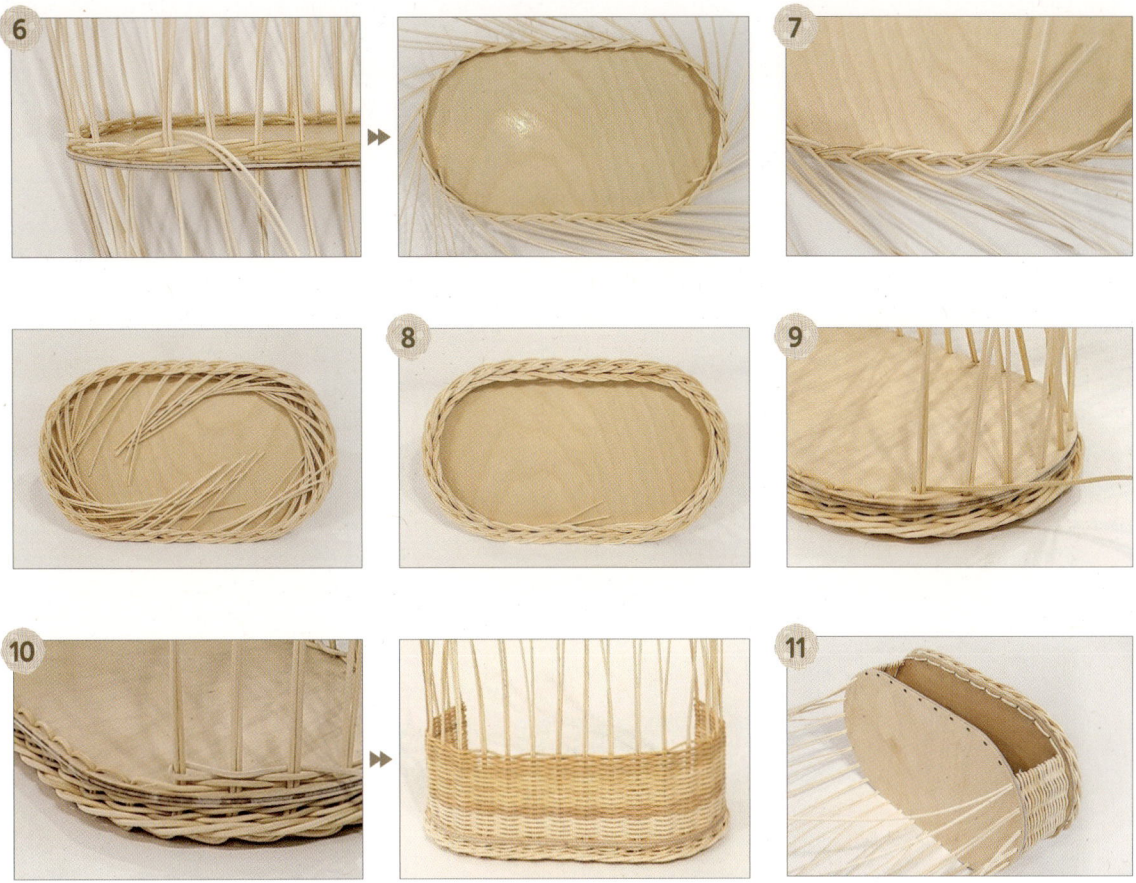

6   안1조-밖2조 2번 젖혀마무르기를 한다(안1조 작업).

7   안1조-밖2조 2번 젖혀마무르기를 한다(밖2조 작업).

8   안쪽에서 1줄 건너 젖혀마무르기를 한 다음 날대를 정리한다.

9   가방의 몸체가 될 부분은 27cm의 날대 기준으로 가장 끝 날대의 뒤쪽에
     사릿대 1줄을 건다.

10   좌/우 양쪽 끝에서 되돌아엮기를 하면서 높이 7cm까지 막엮기로 엮는다.

11   새로운 합판에 남아있는 날대들을 동일한 위치에 꽂는다.

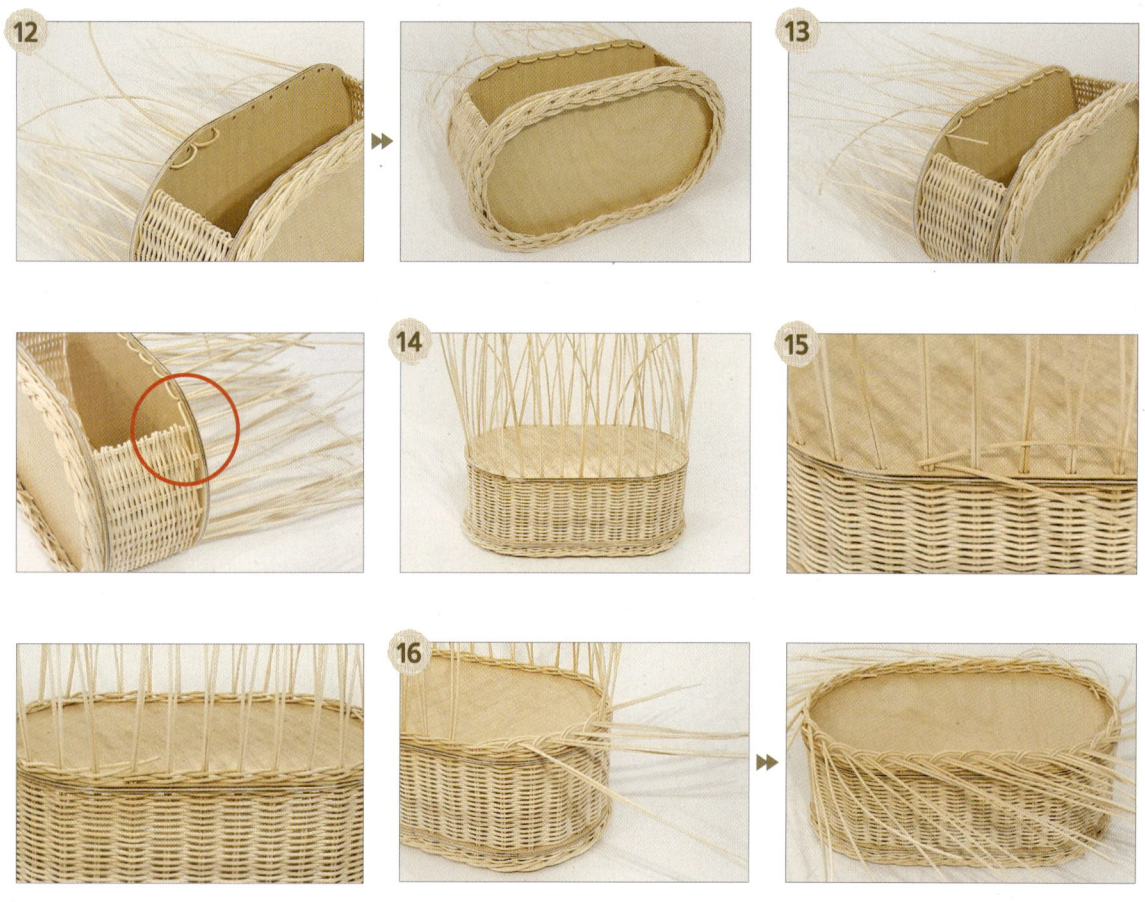

12 가방 입구 부분은 **과정 2**와 같이 날대를 꽂아 심는다.

13 1줄 1조의 날대는 **과정 3~4**와 같이 2줄 1조로 만든 후 끼워준 날대는 옆 날대에 엮어마무르기를 한다.

14 합판과 몸판 부분에 틈이 생기지 않도록 단단하게 형태를 잡는다.

15 바깥면이 될 부분에 사릿대를 반으로 접어서 고리형 2줄 꼬아엮기를 2단 한다. 모든 사릿대는 잘라준다.

16 안1조-밖2조 2번 젖혀마무르기를 한다(안1조 작업).

17 안1조-밖2조 2번 젖혀마무르기를 한다(밖2조 작업).

18 안쪽에서 1줄 건너 젖혀마무르기를 하고 남은 날대와 사릿대 연결 부분
을 정리한다.

19 원하는 위치에 가방끈을 달아서 마무리한다.

HANDMADE RATTAN BAG

no.09

달항아리백

난이도 ★★★☆☆

전통 도자기 달항아리를 닮은 버킷백.
두께감 있는 라탄을 투박하게 엮어
탄탄하면서도 빈티지한 감성을 더했다.
가방 손잡이만 달아도 되고 숄더 스트랩을 사용하면
다양한 스타일로 연출할 수 있다.

사이즈
위 직경 17cm   바닥 직경 17cm   높이 20cm

재료
3mm 환심   **2mm 환심**
사릿대   사릿대
날대 95cm 9줄

부재료
가방 손잡이 3mm×22cm 2줄   숄더 스트랩

사용 기법
十자짜기   매끼돌리기   되돌아엮기   막엮기   3줄 꼬아엮기
4줄 꼬아엮기   안1조-밖1조 2번 젖혀마무르기   1줄 건너 젖혀마무르기
느리게감기

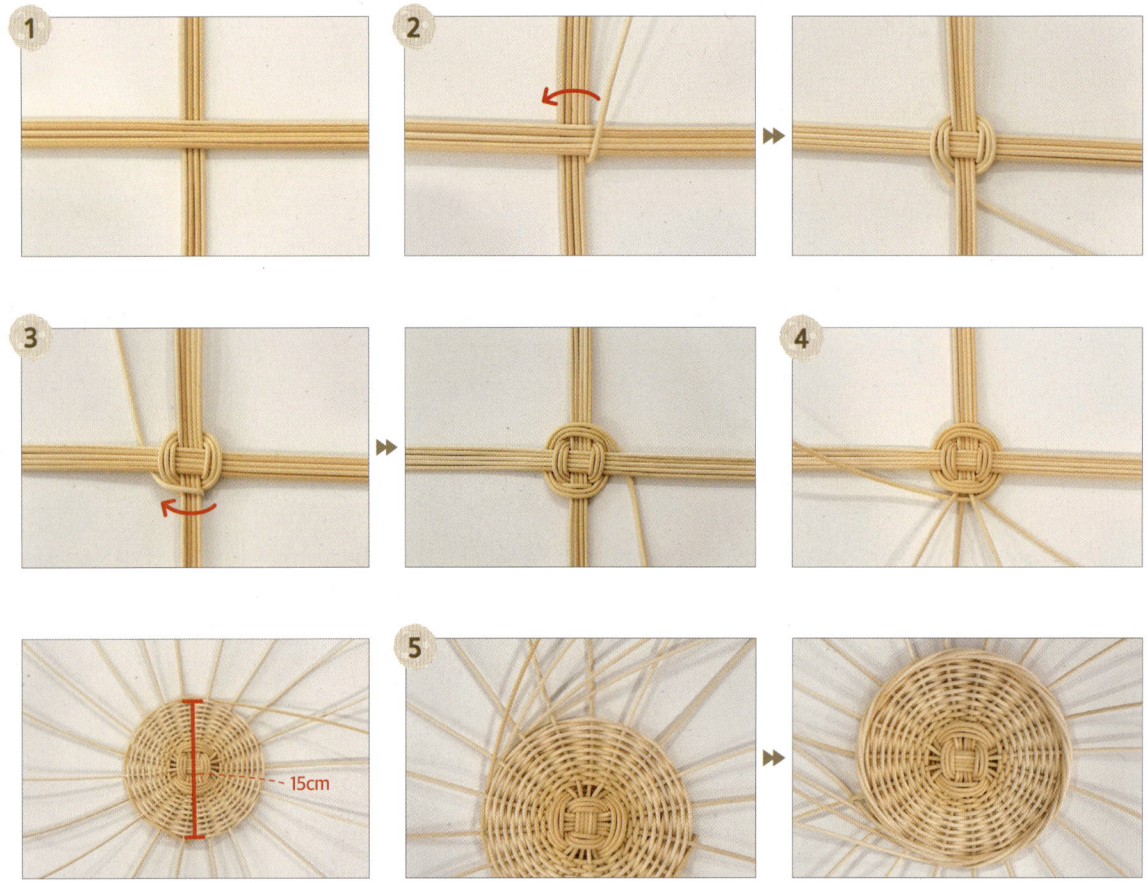

1   9줄의 날대를 가운데 맞춰 가로 5줄, 세로 4줄로 나눠서 十자 모양으로
    놓는다.

2   세로 4줄 날대 옆에 사릿대를 걸어주는데 이때 날대 길이만큼 길게 빼준
    다음 매끼돌리기를 3바퀴 한다.

3   되돌아엮기를 3바퀴 한다.

4   모든 날대가 1줄 1조가 되도록 나누면서 막엮기로 지름 15cm까지 엮는다.

5   기존 사릿대 끝에 사릿대 3줄을 추가해 4줄 꼬아엮기를 1바퀴 한다. 사릿
    대는 자르지 않는다.

6 보이는 면이 가방의 겉면이 되도록 뒤집어놓고 모든 날대를 위로 꺾어 세운다. 가장 앞 혹은 가장 마지막 사릿대 중 1줄을 자른 다음, 3줄의 사릿대로 날대의 각도를 자연스럽게 벌리면서 3줄 꼬아엮기로 2바퀴 엮는다.

7 3줄 중 2줄의 사릿대를 자른 다음 1줄의 사릿대로 바닥에서 높이 9cm까지 자연스럽게 벌리면서 막엮기를 한다.

8 높이 9cm가 되면 다시 날대의 각도를 자연스럽게 안으로 오므리며 높이 17cm까지 막엮기를 한다.

9 기존 사릿대에 새로운 사릿대 2줄을 추가해 3줄 꼬아엮기를 2바퀴 한 후 모든 사릿대를 가위로 자른다.

10 안1조-밖1조 2번 젖혀마무르기를 한다(안1조 작업).

11 안1조-밖1조 2번 젖혀마무르기를 한다(밖1조 작업).

12 안쪽에서 1줄 건너 젖혀마무르기를 한다.

13 남아있는 날대와 사릿대를 정리한다.

14 손잡이 3mm 환심의 양쪽 끝부분을 사진과 같이 사선 모양으로 자른 후
　　원하는 위치에 꽂는다.

15 손잡이 부분을 느리게감기로 감는다.

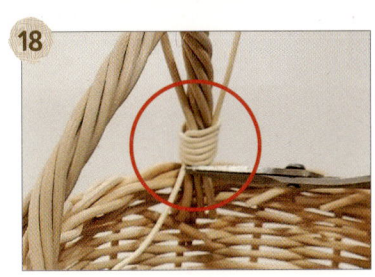

16 남는 사릿대는 바느질하듯이 엮어 안으로 숨기고 사릿대를 정리한다.

17 2mm 환심으로 손잡이 끝부분에 막감기를 한다.

18 남아있는 사릿대를 정리한다.

19 완성된 가방을 확인하며 최종 마무리한다.

HANDMADE RATTAN BAG

no.10

윤근화

사각플립백

난이도 ★★★☆☆

몸통부터 뚜껑까지 한 판으로 연결된
미니백 타입의 크로스백.
작고 가벼워 간단한 소지품을 담기에 좋다.
어떤 장식을 다느냐에 따라 고급스럽거나
캐주얼한 분위기를 연출할 수 있다.

사이즈
위 직경 15×5.5cm   바닥 직경 15×5.5cm   높이 13cm

재료

5mm 피등
사릿대

1.5mm 환심
사릿대

5mm 평심
날대 50cm 4줄
날대 25cm 6줄
날대 56cm 9줄

부재료
12mm 자석 스냅 단추   가방 체인줄
사슴 태슬 장식

사용 기법
사각 바닥짜기   2줄 꼬아엮기   막엮기   되돌아엮기   꽂아마무르기
상-하-상-하 엮어마무르기   상-하 엮어마무르기

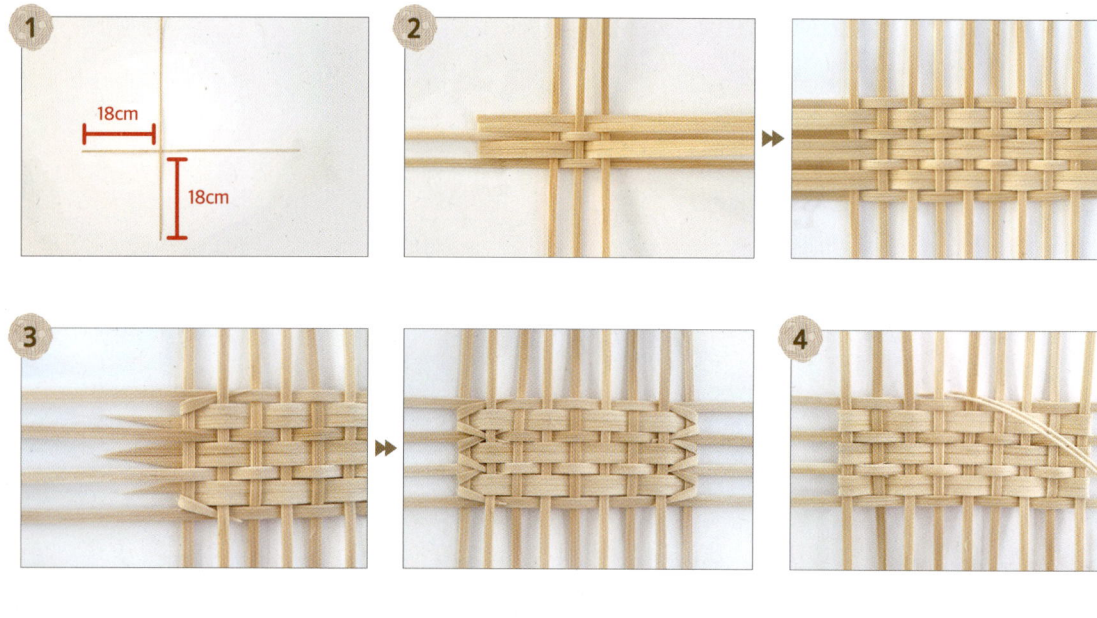

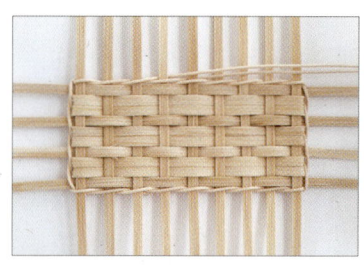

1   50cm 가로 날대와 56cm 세로 날대 각 앞 여유분 18cm를 남기고 十자
    모양으로 놓는다.

2   기존에 놓인 날대의 위치에 맞춰 56cm 세로 날대 간격은 1cm로 하고,
    25cm 가로 날대를 2줄 1조, 50cm 가로 날대를 1줄 1조로 놓는다. 25cm
    날대와 50cm 날대를 번갈아가며 丼자짜기 변형으로 배열한다.

3   25cm 가로 날대 2줄 1조의 양쪽 여유분을 사선으로 잘라 끝에서 두 번
    째 세로 날대에 끼운다.

4   바닥을 뒤집어 1.5mm 환심 사릿대 2줄을 추가해 2줄 꼬아엮기로 1바퀴
    엮는다. 사릿대는 자르지 않는다.

5   보이는 부분이 겉이 되도록 뒤집어놓고 모든 날대를 꺾어 세운다.

6 기존 사릿대로 날대의 각도가 직각이 되도록 2줄 꼬아엮기를 2cm 한 다음 모든 사릿대는 자른다.

7 5mm 피등 1줄을 추가해 날대 각도를 직각으로 유지하며 막엮기로 1바퀴 엮고 2칸 정도 포갠 후 자른다.

8 **과정 7**을 반복해 18칸을 쌓아올린다.

9 길이가 긴 쪽의 세로 날대에 1.5mm 환심을 걸어 고리형 2줄 꼬아엮기를 1.5cm 한다.

10 2줄의 사릿대 중 1줄을 자른다.

11 길이가 긴 쪽의 세로 날대를 제외한 옆-앞-옆 날대를 사선으로 자른다.

12 사선으로 자른 날대를 송곳을 사용해 안쪽으로 접어 꽂아마무르기를 한다.

13 남은 날대를 안쪽으로 꺾는다.

14 1줄의 사릿대로 약 5.5cm 가로 폭만큼 양쪽으로 되돌아엮기를 한다.

15 날대를 직각으로 꺾고 몸통을 따라 양쪽으로 되돌아엮기를 1cm 한다.

16 양쪽으로 1조씩 줄여가며 되돌아엮기를 하고 마지막 날대는 3조가 남게
한다.

17 **과정 16**을 왕복으로 3번(총 4단) 반복한다.

18 좌/우 양쪽 날대까지 왕복으로 되돌아엮기를 1회 한다.

19 사릿대 1줄을 추가해 2줄 꼬아엮기를 1단 하고, 사릿대는 되돌아엮기 부분에 맞춰 모두 자른다.

20 날대를 5cm 남기고 자른다.

21 날대를 반으로 잘라 각 날대를 2줄 1조로 만든다.

22 가운데 날대 6개를 제외한 나머지 날대를 중앙 방향으로 상-하-상-하 엮
어마무르기를 한다.

23 가운데 날대 2개를 제외한 나머지 날대를 중앙 방향으로 상-하 엮어마무
르기를 한다.

24 남은 날대 2개는 가방 안쪽으로 꽂는다.

25 남아있는 날대와 사릿대 연결 부분을 정리한다.

26 자석 스냅 단추와 잠금 장식을 달아준 후 마무리한다.

HANDMADE RATTAN BAG

no.11

김민희

하프문백

난이도 ★★★★☆

반달 형태의 크로스백으로
뒤판이 납작해서 매고 다니기에 좋다.
오픈형 뚜껑으로 수납이 편리해
아이부터 어른까지 편하게 들고 다니기 좋은 가방.

사이즈
가로 23cm   세로 18cm   폭 9cm

재료
2mm 환심
날대 60cm 15줄
날대 55cm 8줄
덧날대 17cm 4줄

4mm 피등
날대 40cm 17줄
날대 45cm 18줄

부재료
반달모양 합판 23×16cm(타공 32개)
봉 1.4×20cm
오픈형 O링 4cm(내경 3cm)

가죽줄
나무 구슬
D링 2개

사용 기법
꽂아심기   타원 바닥짜기   2줄 꼬아엮기   막엮기   되돌아엮기
매끼돌리기   안1조-밖1조 2번 젖혀마무르기   1줄 건너 젖혀마무르기
따라엮기

몸통

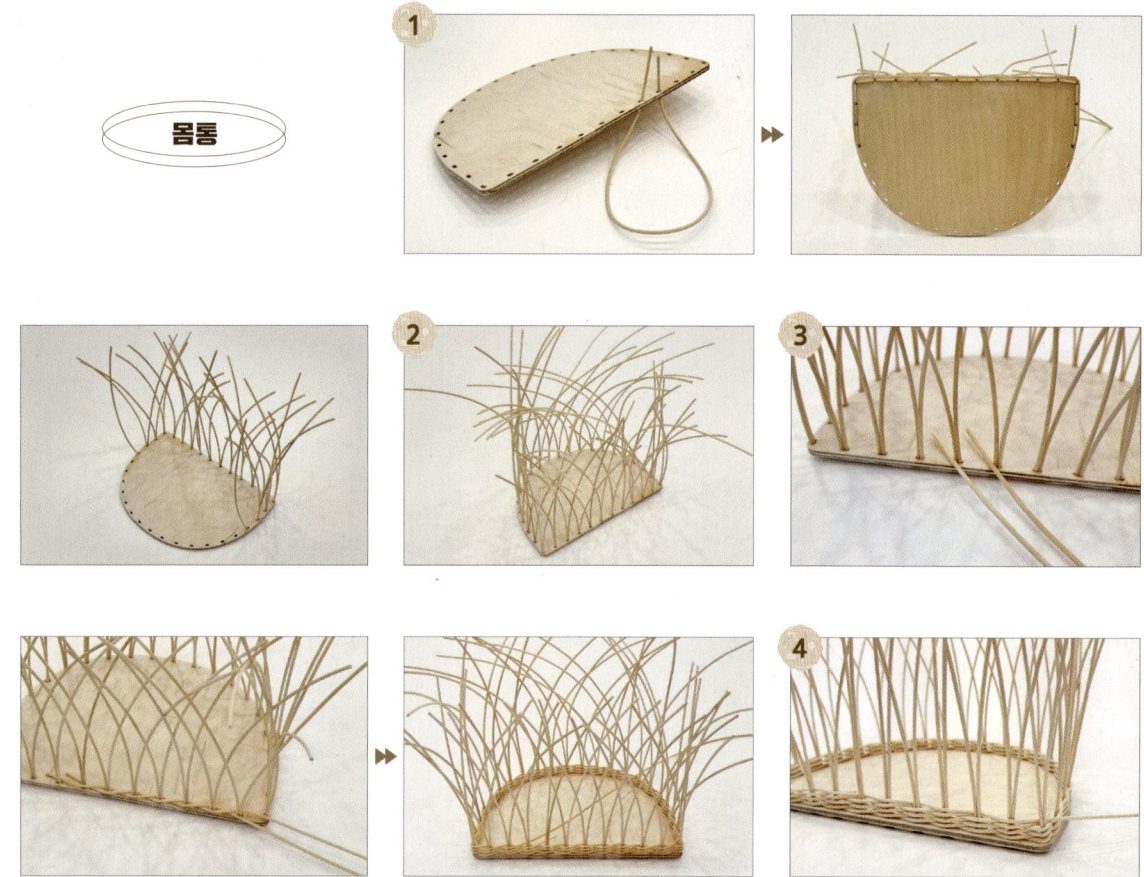

1 40cm 날대를 합판 직선 부분 전체와 이어지는 곡선 부분 좌/우 3칸의 구멍에 반으로 접어서 꽂아 심는다.

2 60cm 날대를 나머지 구멍에 반으로 접어서 꽂아 심는다.

3 사릿대 2줄을 추가해 2줄 꼬아엮기를 3단 한다. 2줄의 사릿대 중 1줄을 자른다.

4 1줄의 사릿대로 막엮기를 하며 모서리 날대(좌/우 무관)까지 엮는다.

5 양쪽 모서리 날대 1칸 앞의 날대(곡선 방향)를 시작으로 합판의 곡선 부
분 날대를 좌/우 1칸씩 줄여가며 되돌아엮기를 한다(마지막 되돌아엮기
날대는 14조가 되도록 만든다).

6 양쪽 모서리 날대를 시작으로 합판의 곡선 부분 날대 좌/우 1조씩 줄여
가며 되돌아엮기를 한다.

7 좌/우로 4번째 되돌아엮기부터는 날대를 자연스럽게 눌러가며 안쪽으로
오므린다(마지막 되돌아엮기 날대는 6조가 되도록 만든다).

8 좌/우 모서리에서 되돌아엮기를 1번 한다.

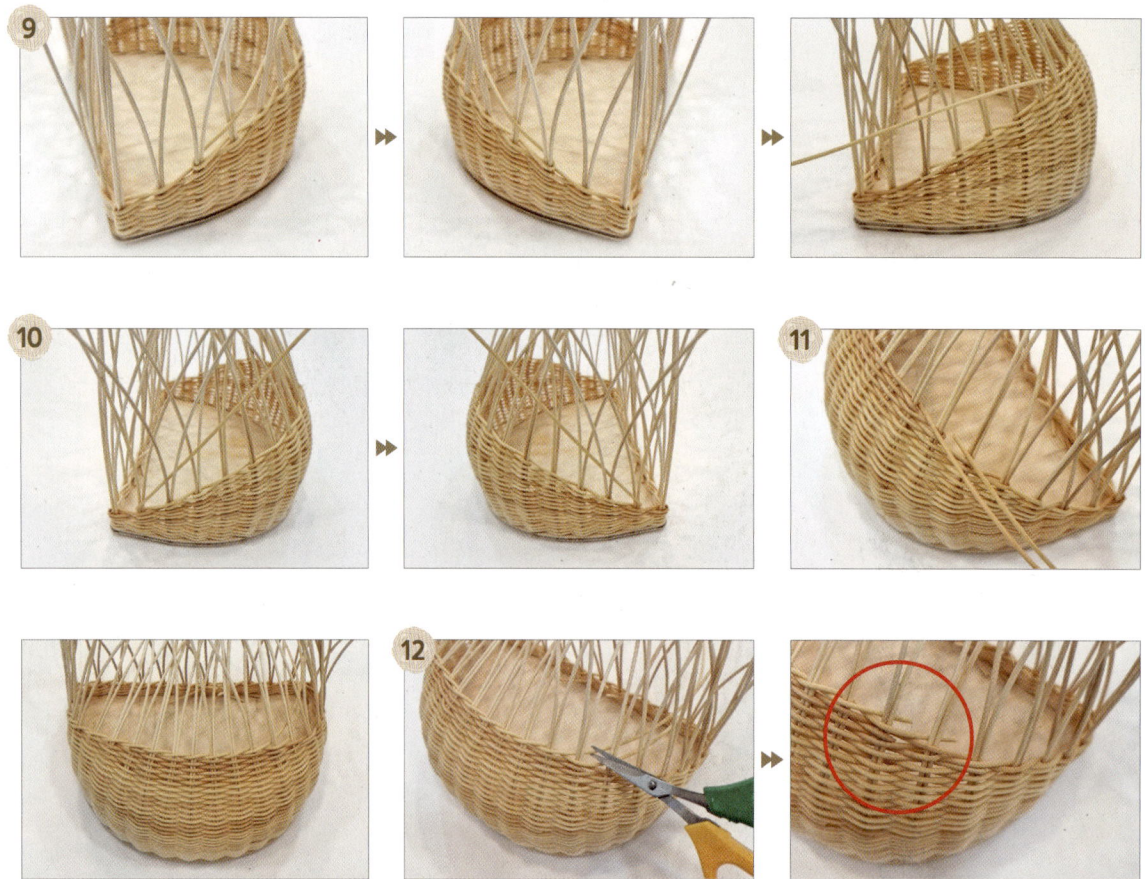

9   곡선 부분 모서리의 양쪽 끝 날대 2조(좌/우 총 4조)를 제외한 나머지 날
     대의 좌/우를 1조씩 줄여가며 되돌아엮기를 한다. 이때, 날대를 자연스럽
     게 눌러가며 안쪽으로 오므린다(마지막 되돌아엮기 날대는 12조가 되도
     록 만든다).

10   곡선 부분 모서리 날대를 제외한 나머지 날대의 좌/우를 1조씩 줄여가며
     되돌아엮기를 한다. 이때, 날대를 자연스럽게 눌러가며 안쪽으로 오므린
     다(마지막 되돌아엮기 날대는 8조가 되도록 만든다).

11   새로운 사릿대 1줄을 추가하여 2줄 꼬아엮기를 1단 한다.

12   모든 사릿대는 가위로 잘라준다.

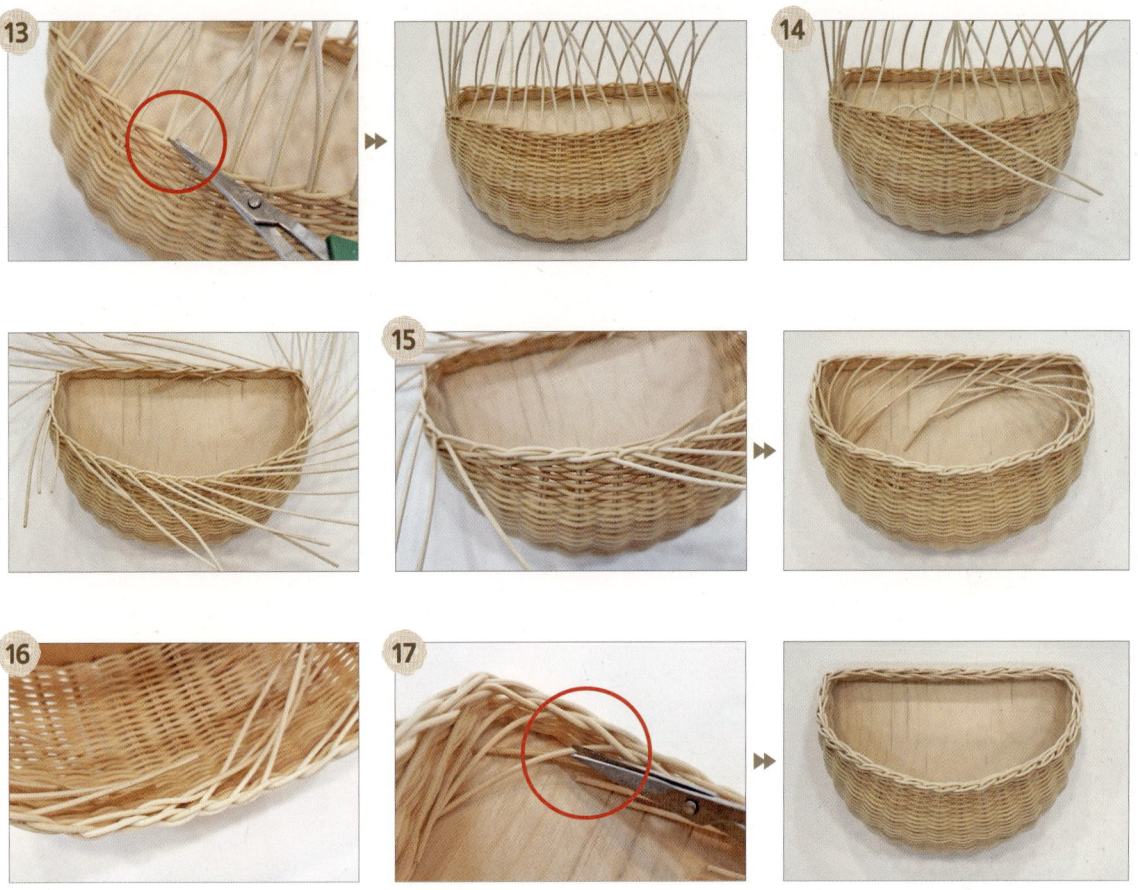

13 2줄 1조의 날대 중 오른쪽 날대를 짧게 잘라 1줄 1조가 되게 한다.

14 안1조-밖1조 2번 젖혀마무르기를 한다(안1조 작업).

15 안1조-밖1조 2번 젖혀마무르기를 한다(밖1조 작업).

16 안쪽에서 1줄 건너 젖혀마무르기를 한다.

17 남아있는 날대와 사릿대 연결 부위를 정리한 후 마무리한다.

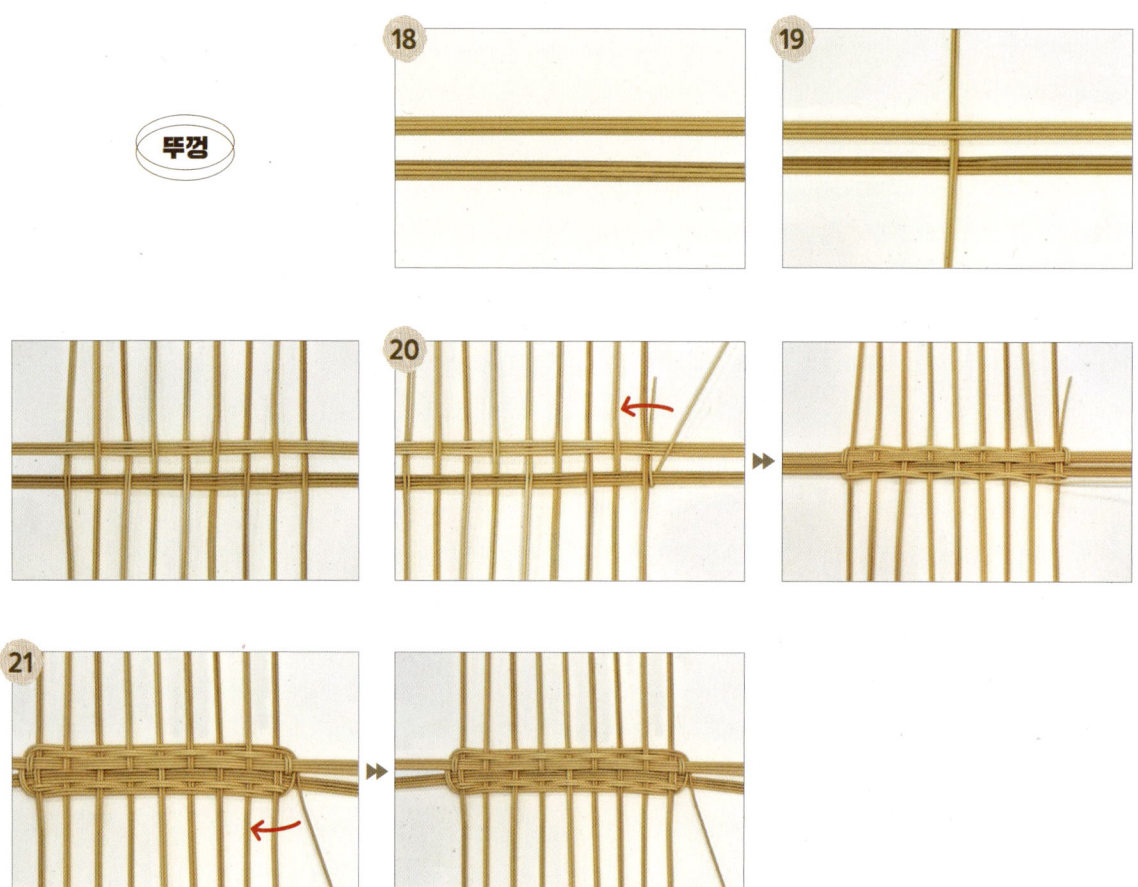

뚜껑

18 55cm 날대 8줄을 4줄 2조로 가로 배열을 한다.

19 45cm 날대 18줄을 2줄 9조로 가로 날대의 가운데 18cm 안에 井자짜기
    변형으로 배열한다.

20 새로운 사릿대 1줄을 걸어 매끼돌리기를 2바퀴 한다.

21 되돌아엮기를 2바퀴 한다.

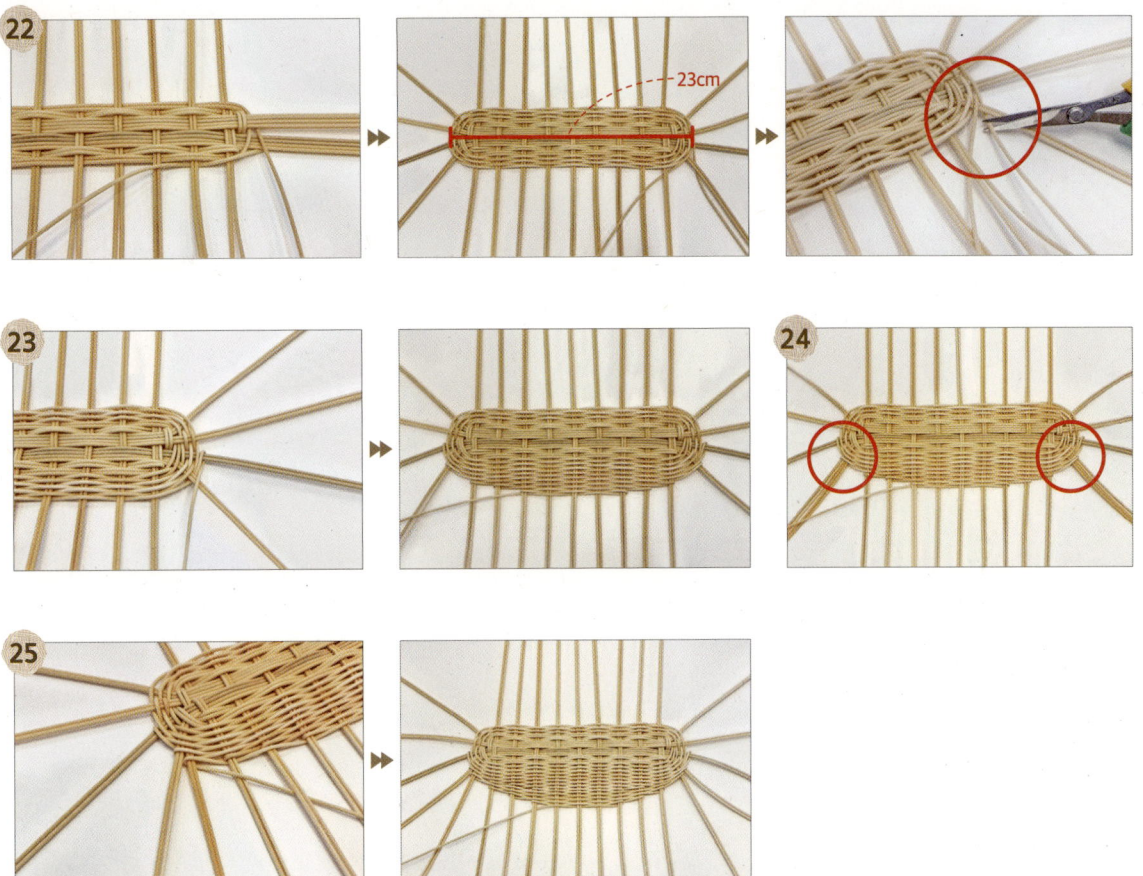

22 새로운 사릿대 1줄을 추가해 모든 날대를 2줄 1조가 되도록 나누면서 따라엮기로 가로 길이 23cm까지 엮은 후 사릿대 1줄을 자른다.

23 1줄의 사릿대로 좌/우 양쪽 가로 날대 가운데부터 아래 방향으로 되돌아엮기를 하고 마지막 되돌아엮기 날대는 5조가 되도록 만든다.

24 되돌아엮기를 한 날대 중 양쪽 끝 2번째 날대에만 좌/우에 17cm의 덧날대를 꽂아 4줄 1조가 되게 한다.

25 양쪽 4줄 1조의 날대를 2줄 1조로 나누면서 아래 방향으로 되돌아엮기를 하고 마지막 되돌아엮기 날대는 5조가 되도록 만든다.

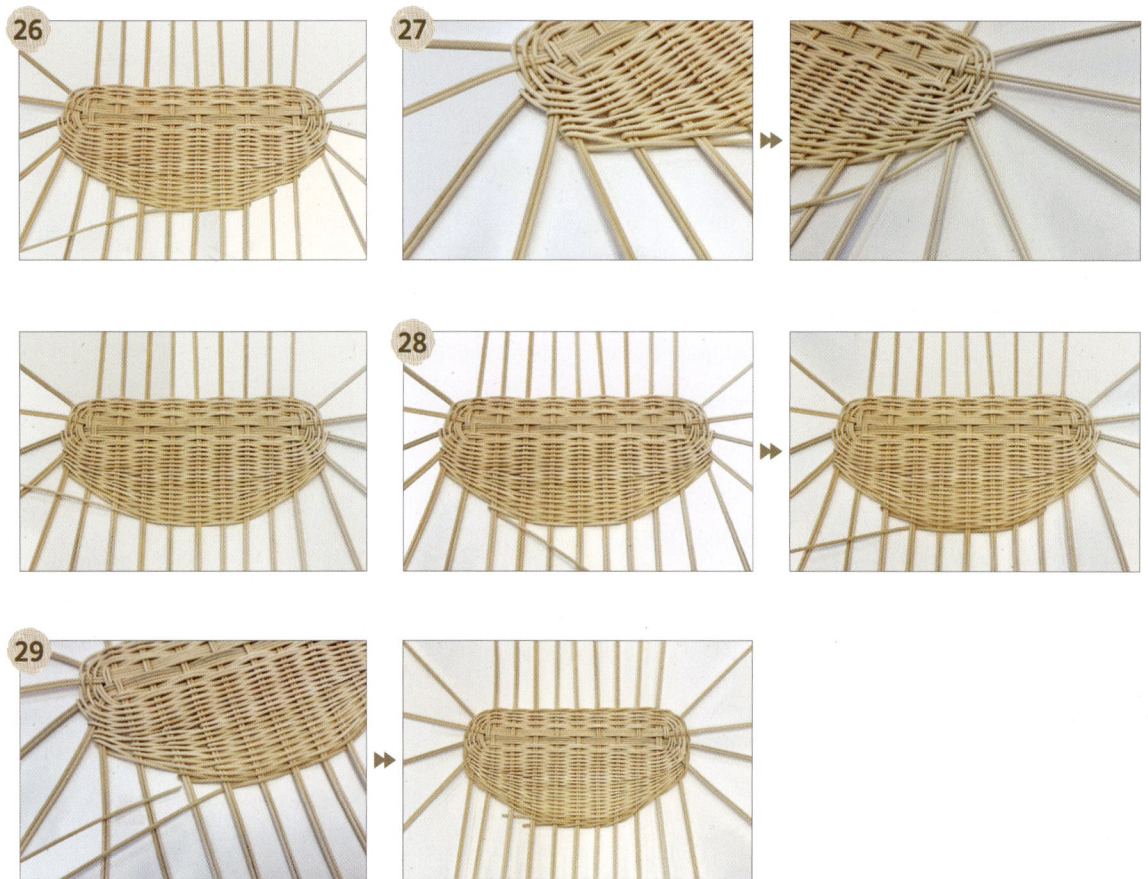

26 **과정 25**를 반복한다.

27 가로 날대의 가장 아래쪽 날대 좌/우를 1회 왕복하며 되돌아엮기를 한다.

28 아래 방향 날대 가운데 7조 좌/우를 1회 왕복하며 되돌아엮기를 한다.

29 새로운 사릿대 1줄을 추가해 2줄 꼬아엮기를 1바퀴 한다. 모든 사릿대는 자른다.

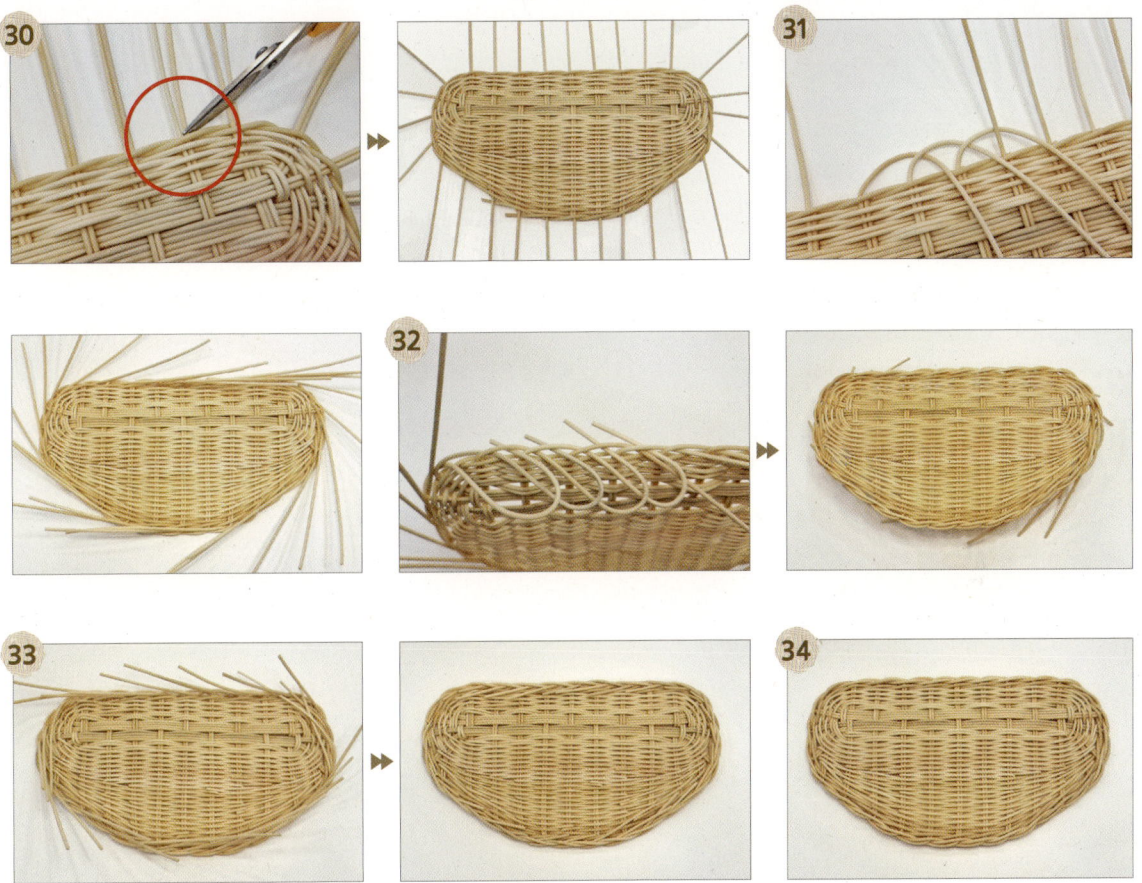

30 2줄 1조의 날대 중 오른쪽 날대 1줄을 잘라 1줄 1조가 되게 한다.

31 안1조-밖1조 2번 젖혀마무르기를 한다(안1조 작업).

32 안1조-밖1조 2번 젖혀마무르기를 한다(밖1조 작업).

33 뒤쪽에서 1줄 건너 젖혀마무르기를 하고, 날대를 정리한다.

34 사릿대 연결 부위도 정리한 후 마무리한다.

연결

35 길이 20cm, 지름 1.4cm인 봉을 준비한다.

36 봉에 4cm(내경 3cm)의 오픈형 O링을 걸어 몸통을 가죽줄로 고정한다.

37 나무 구슬에 가죽줄을 묶어 여밈 단추를 만들고 몸통 정면에 고정한다.

38 가방 덮개 상단에 폭 2cm의 D링을 고정시키고 잠금 장식을 달아 마무리
한다.

39 가방 덮게 하단에 본체 나무 구슬과 결합 가능한 고리를 만든다.

40 완성된 뚜껑을 몸통에 연결된 봉의 O링에 결합시켜 덮는다.

41 원하는 디자인의 가방 끈을 몸통에 연결된 봉의 O링에 결합하여 마무리 한다.

4

Shoulder Bag

솔더백

HANDMADE RATTAN BAG

no.12

유선미

패브릭백

난이도 ★☆☆☆☆

기존에 갖고 있던 원단이나 완제품 천가방으로
쉽게 만들어볼 수 있는 패브릭백.
힘이 없는 원단백의 아랫부분을 라탄으로 받쳐줘
튼튼하게 실용적으로 사용할 수 있는 가방.

사이즈
가로 22cm   세로 21cm(라탄 높이 5cm)   폭 14cm

재료
2mm 환심
사릿대
날대 50cm 25줄

부재료
타원형 합판 20×12cm(타공 25개)
패브릭 가방 1개

사용 기법
꽂아심기   2줄 꼬아엮기   막엮기   하-상-하 엮어마무르기

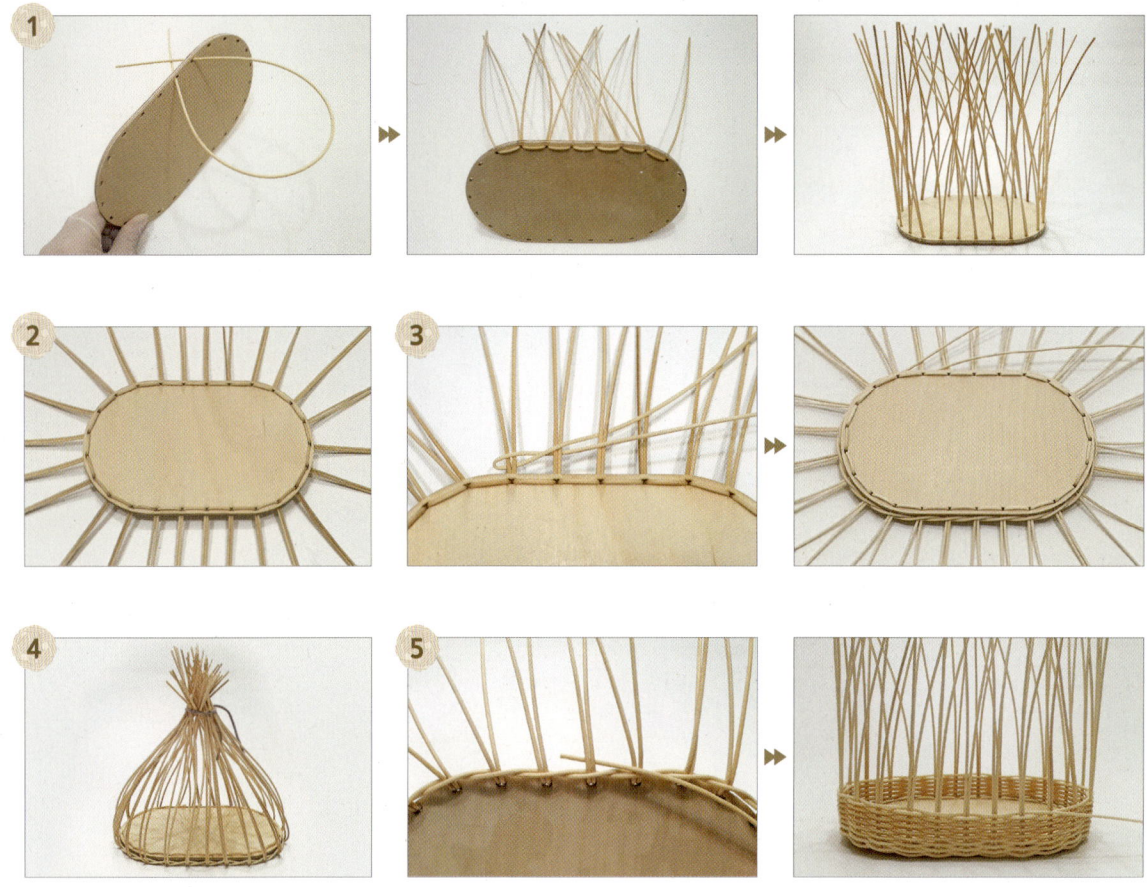

1 날대를 반으로 접어 U자 모양을 만든 후 타원형 합판에 아래서 위로 꽂아 심는다. 그 후 고리 부분은 납작하게 누른다.

2 날대를 끼워 넣은 판을 뒤집고 누르면서 날대를 평평하게 옆으로 벌린다.

3 사릿대를 반으로 접어서 고리 형태를 만들어 날대에 걸고 고리형 2줄 꼬아엮기를 1바퀴 한다. 그 후 모든 사릿대는 자른다.

4 날대의 고리 부분이 위로 보이도록(가방 안쪽) 날대를 꺾어 세운다.

5 바닥의 겉부분이 몸쪽을 향하도록 놓고 새로운 사릿대 1줄을 추가해 날대 각도를 직각을 유지하며 높이 3cm까지 막엮기를 한 다음 사릿대를 자른다.

6 날대로 하-상-하 엮어마무르기를 한다.

7 남아있는 날대와 사릿대 연결 부분을 가위로 잘라서 정리한다.

8 패브릭 가방 바닥과 라탄 가방 부분을 연결하고 마무리한다.

HANDMADE RATTAN BAG

no.13

김수현

우드우디백

난이도 ★★☆☆☆

두 가지 라탄 소재를 섞어 만든 사선무늬가 돋보이는
우드우디백. 우드볼의 핸들이 포인트로
이너백을 사용해 캐주얼한 스타일로 완성했다.
가방에 가죽끈을 달아 길이를 조절하면 숄더백, 크로스백,
토트백 등으로 다양하게 연출할 수 있다.

사이즈
위 직경 14cm   바닥 직경 14cm   높이 14cm

재료

2mm 환심
사릿대
날대 70cm 11줄
덧날대 32cm 20줄

7mm 평심
사릿대 18cm 21줄

부재료
우드볼 20mm 15개
가죽끈 3mm×250cm

러플 파우치 1개

사용 기법
十자짜기   매끼돌리기   되돌아엮기   막엮기   1줄 건너 젖혀마무르기
상-하-상-하-상-하 사선엮기   안1조-밖1조 2번 젖혀마무르기

111

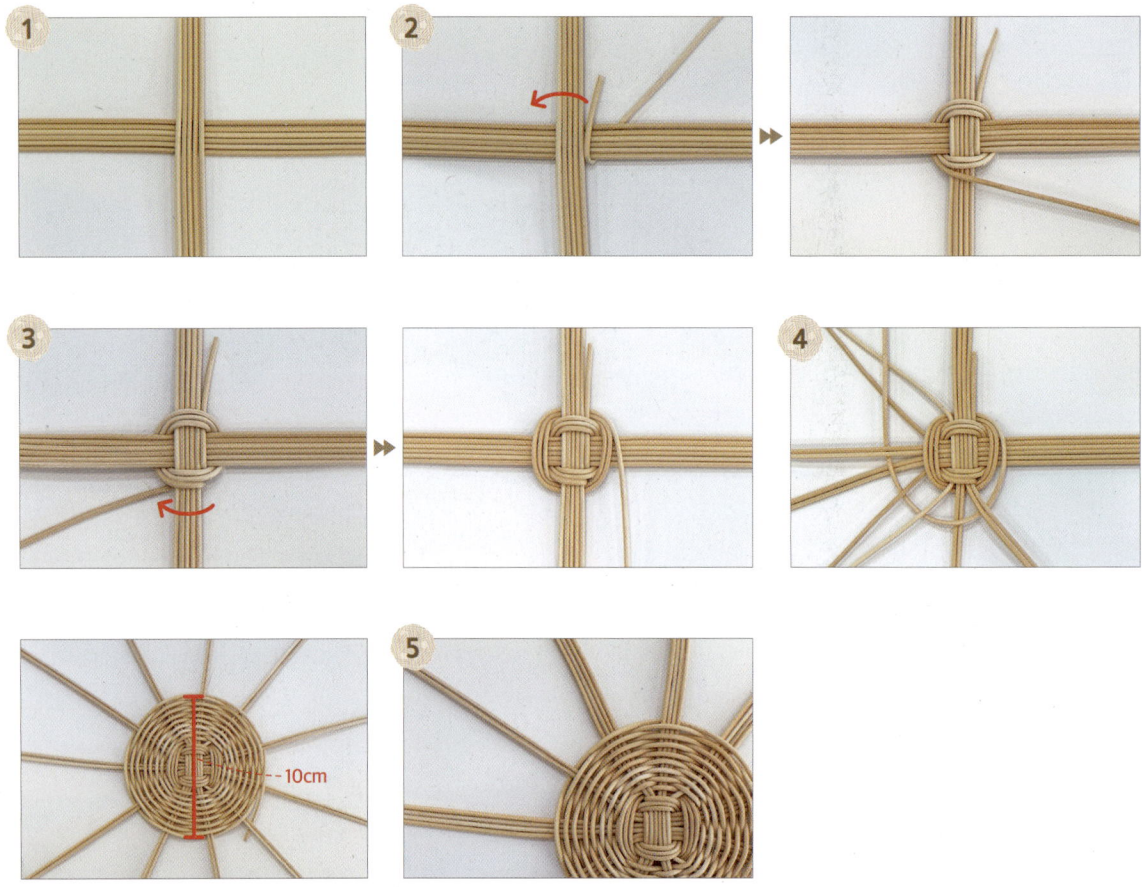

1   11줄의 날대를 가운데 맞춰 가로 6줄, 세로 5줄로 나눠서 十자 모양으로
    놓는다.

2   세로 5줄 날대 옆에 나란하게 사릿대 1줄을 걸어주고 매끼돌리기를 3바
    퀴 한다.

3   되돌아엮기를 3바퀴 한다.

4   모든 날대가 2줄 1조가 될 수 있도록 나누면서 막엮기로 지름 10cm까지
    엮는다.

5   1조를 제외한 나머지 날대의 좌/우에 32cm의 덧날대를 꽂아서 4줄 1조
    로 만든다.

6 4줄 1조의 날대를 다시 막엮기로 2줄 1조가 되도록 나누면서 지름 13cm 까지 엮는다. 사릿대는 자르지 않는다.

7 사릿대를 연결한 부분이 가방 안쪽으로 향하도록 앞/뒷면을 뒤집어 모든 날대를 위로 꺾어 세운다.

8 날대가 직각이 되도록 세워가며 기존의 사릿대로 높이 4cm까지 막엮기 를 한 후 사릿대를 자른다.

9 날대를 직각으로 유지하며 7mm 평심으로 상-하-상-하-상-하 사선엮기 를 한다. 평심은 1칸씩 앞으로 추가하며 진행한다.

10 마지막 남은 부분에서는 앞서 엮은 평심 사릿대가 빠지지 않도록 주의하 면서 바느질하듯이 엮는다.

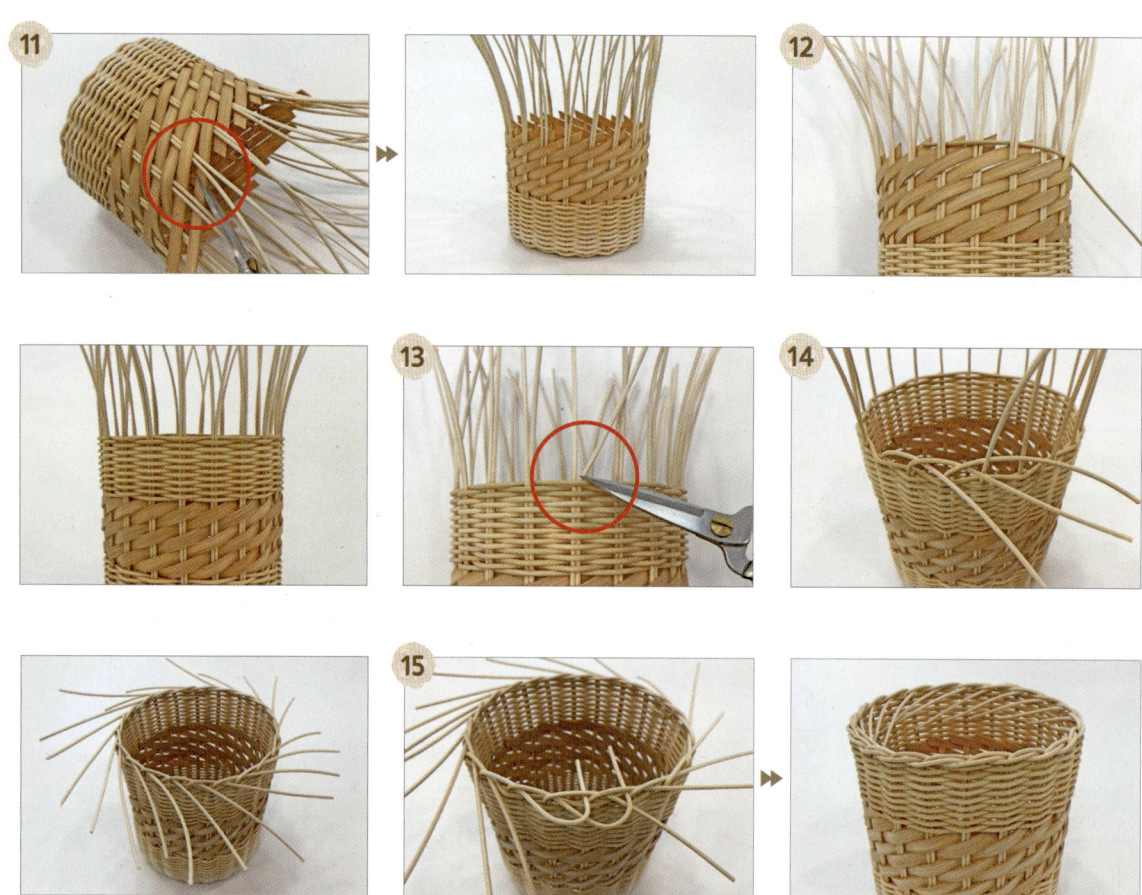

11 남은 여유분의 평심 사릿대는 상-하-상-하-상-(하) 부분의 뒤에 걸리도
록 자른다.

12 새로운 2mm 환심 사릿대를 추가해 날대를 직각으로 유지하며 막엮기를
4cm 한다.

13 2줄 1조의 날대 중 오른쪽 날대를 짧게 자른다.

14 안1조-밖1조 2번 젖혀마무르기를 한다(안1조 작업)

15 안1조-밖1조 2번 젖혀마무르기를 한다(밖1조 작업).

16 안쪽에서 1줄 건너 젖혀마무르기를 1바퀴 한다.

17 남아있는 날대와 사릿대 연결 부분을 정리한다.

18 원하는 위치에 우드볼 스트랩과 가죽끈을 끼워 핸드백 손잡이를 달고 마무리한다.

HANDMADE RATTAN BAG

no.14

정무영

체크스퀘어백

난이도 ★★★★☆

단정한 형태의 사각백에 X자 감기로 엮은
손잡이가 포인트. 사계절 두루 들고 다닐 수 있는
무난한 디자인에 가방 바닥이 반듯하고
크기가 커서 수납력도 좋은 데일리 가방.

사이즈
가로 21cm   세로 21cm(손잡이 높이 27cm)   폭 10cm

재료
2mm 피등
사릿대 200cm 4줄

7mm 환심
손잡이용 80cm 2줄

2mm 환심
사릿대
날대 80cm 30줄
덧날대 40cm 30줄

부재료
자작나무 합판 25×10cm(타공 30개)   잠금 장식

사용 기법
꽂아심기   따라엮기   3줄 꼬아엮기   안1조−밖2조 2번 젖혀마무르기
1줄 건너 젖혀마무르기   X자 감기

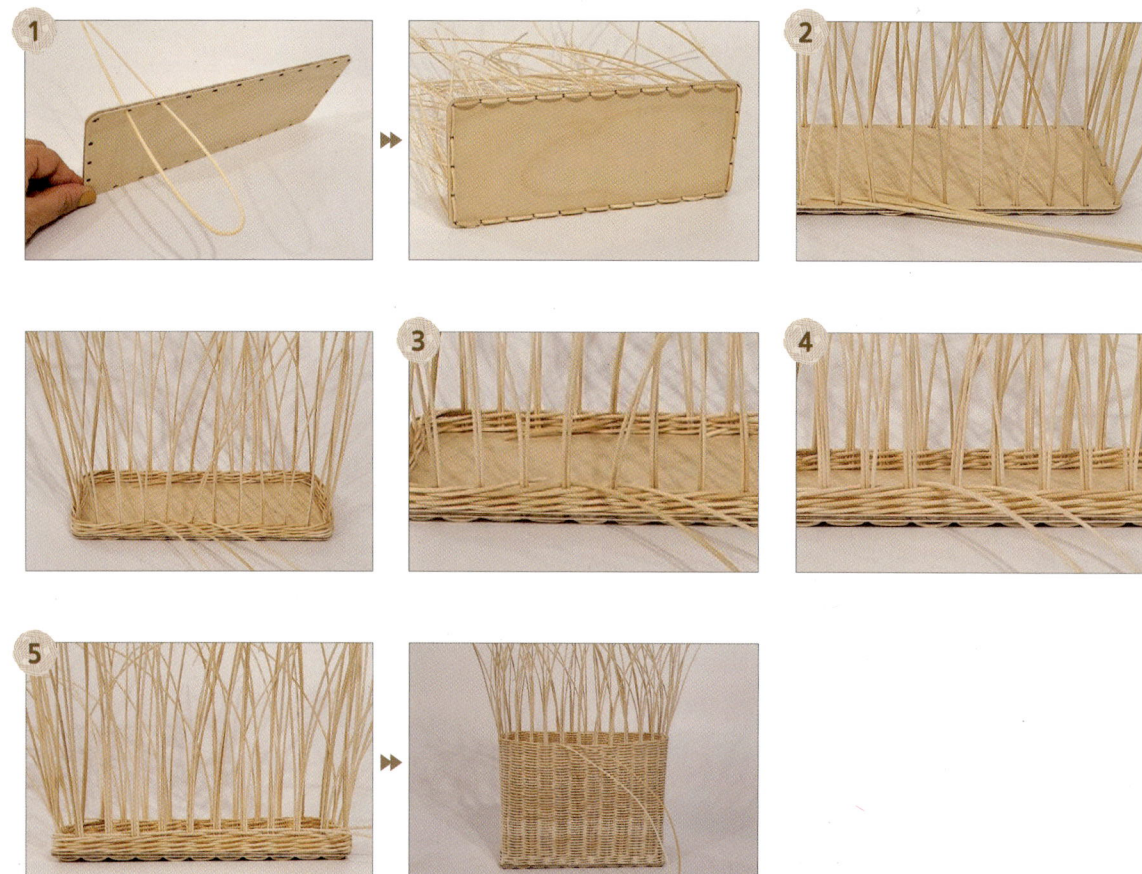

1   80cm 환심을 반으로 접어 U자 모양을 만든 후 자작나무 합판에 꽂아 심
    는다.

2   3줄의 사릿대를 준비해 3줄 꼬아엮기를 3단 한다.

3   가운데 사릿대를 제외한 앞/뒤의 사릿대 중 1줄을 잘라 2줄을 만든다.

4   40cm의 덧날대를 모든 날대의 오른쪽에 꽂아 3줄 1조로 만든다.

5   따라엮기로 전체 높이 18cm까지 엮는다.

6 새로운 사릿대 1줄을 추가해 3줄 꼬아엮기를 3단 하고 난 후 모든 사릿대
는 자른다.

7 3줄의 날대 중 오른쪽 2줄의 날대를 잘라 1줄 1조로 만든다.

8 안1조-밖2조 2번 젖혀마무르기를 한다(안1조 작업).

9 안1조-밖2조 2번 젖혀마무르기를 한다(밖2조 작업).

10 안쪽에서 1줄 건너 젖혀마무르기를 한 후 남아있는 날대와 사릿대 연결
부분을 정리한다.

11 7mm 손잡이 환심을 날대 중간 위치에 두고 길이 200cm의 2mm 피등으로 안에서 밖으로 향하게 날대를 감아 피등 2줄이 겉으로 나오게 만든다. 여기서 피등의 양쪽 길이는 같도록 맞춘다.

12 손잡이 환심을 기준으로 왼쪽에 위치한 피등을 오른쪽 대각선으로 6칸 내려온 위치에 넣고 안쪽에서 위로 다시 3칸 위의 구멍으로 뺀다.

13 손잡이 환심을 기준으로 오른쪽에 위치한 피등을 왼쪽 대각선으로 6칸 내려온 위치에 넣고 안쪽에서 위로 다시 3칸 위의 구멍으로 뺀다.

14 손잡이 환심의 가장 하단까지 **과정 12~13**을 반복하면서 손잡이 환심을 고정한다.

 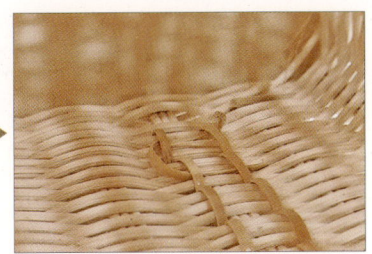

15   남은 피등은 가방 안쪽 부분의 피등 고리에 끼워 고정시킨다.

16   남아있는 날대와 사릿대 연결 부분을 정리한 후 마무리한다.

5

Shopper Bag

쇼퍼백

김민희

웨이백

난이도 ★★★☆☆

계절의 변화나 옷 스타일링에 따라
다양한 콘셉트로 변신 가능한 카멜레온 같은 웨이백.
리본 외에 여러 소재의 부재료를
칸무늬 사이에 끼워 넣어
색다른 나만의 가방을 만들 수 있다.

사이즈
가로 30cm　　　세로 34cm(손잡이 높이 9cm)　　　폭 12cm

재료　　　　　　　　　　**부재료**
2mm 환심　　　　　　　　타원형 합판 30×12cm(타공 35개)
사릿대　　　　　　　　　　리본
날대 100cm 35줄　　　　　가방 손잡이

사용 기법
꽂아심기　막엮기　2줄 꼬아엮기　칸무늬　하−상−하 엮어마무르기
막감기

 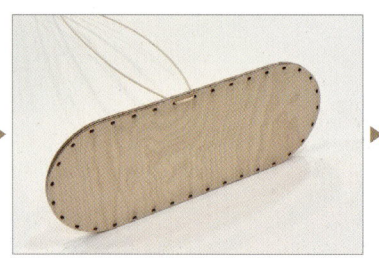 

 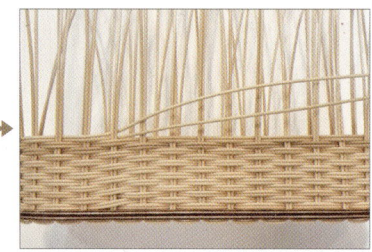 

1   날대를 반으로 접어 U자 모양을 만든 후 타원형 합판에 아래에서 위로
      꽂아 심는다.

2   사릿대 2줄을 꺼내 2줄 1조가 되도록 나란히 겹쳐 기둥 뒤로 1cm가량을
      넣은 후 막엮기로 5cm까지 엮는다. 이때 양쪽 높이가 맞도록 시작점과
      끝점을 맞춰서 작업한다.

3   엮던 줄을 각각 분리시킨 다음 2줄 꼬아엮기를 2단 한 후 끼워서 고정한
      다. 남은 사릿대는 적당한 길이로 자른다.

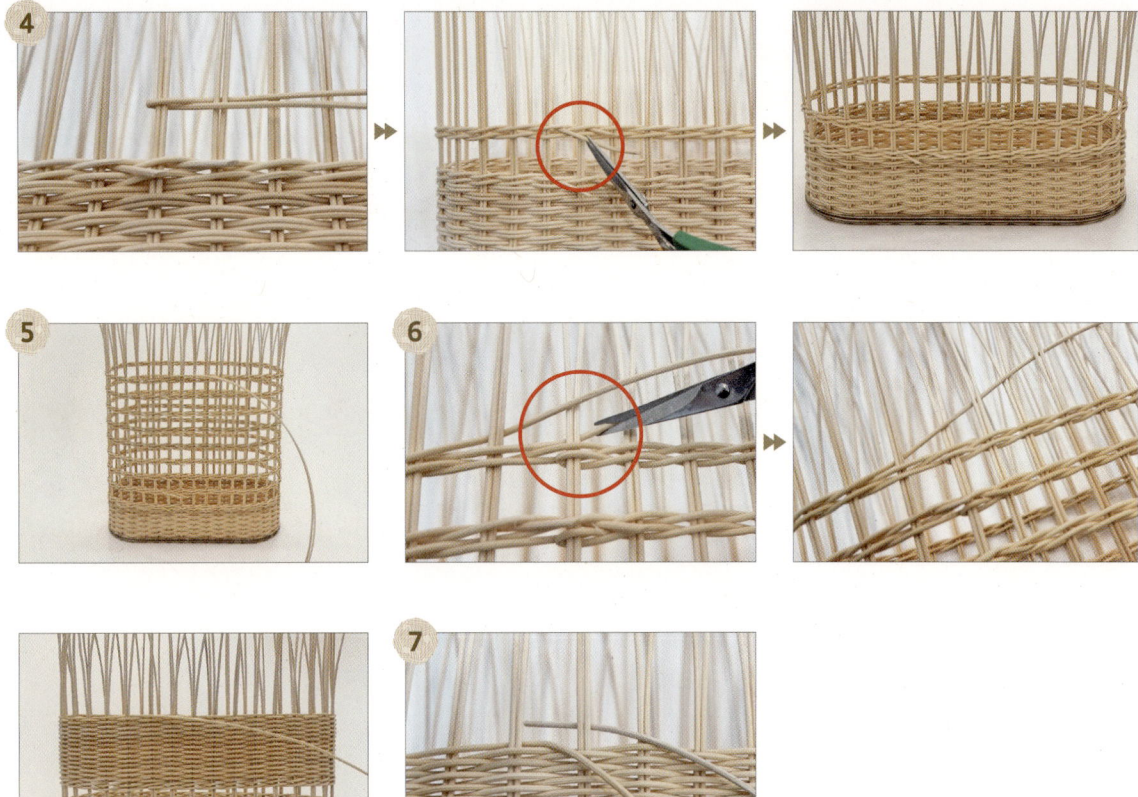

4 340cm 이상의 긴 줄을 총 8줄 준비해 반을 접은 후 2cm 높이에 칸무늬를 1단 하고 남는 사릿대는 끼워 고정한 후 가위로 잘라서 정리한다.

5 **과정 4**를 반복해 칸무늬를 총 8단 한다.

6 마지막 8번째 칸무늬 후 사릿대 1줄을 자른다. 남은 1줄의 사릿대로 높이 6cm까지 막엮기를 한다.

7 새로운 사릿대 1줄을 추가해 2줄 꼬아엮기를 2단 한 후 모든 사릿대는 자른다.

8   모든 날대로 하-상-하 엮어마무르기를 한다.

9   남아있는 날대와 사릿대를 정리한다.

10   칸무늬를 작업한 빈 곳에 리본을 끼워 넣어 안쪽에서 글루로 고정해 붙인
     다. 리본을 끼우는 방법은 각자의 취향대로 작업해도 좋다.

11 원하는 위치에 가방 손잡이를 놓고, 환심으로 막감기를 한다.

12 남아있는 손잡이 환심은 이웃하는 날대 사이로 꿰매듯이 엮어주고 남은 사릿대는 자른다.

13 완성된 가방을 확인하며 최종 마무리한다. 손잡이와 리본 같은 경우에는 취향에 따라 바꿀 수 있다.

HANDMADE RATTAN BAG

no.16

윤근화

유유쇼퍼백

난이도 ★★★★☆

부드러운 곡선과 사선무늬가 돋보이는 쇼퍼백.
바닥이 반듯하고 크기가 넉넉해 야외 활동에 유용하다.
우드 손잡이와 가죽 금속 장식으로 세련된 느낌을 더했다.
염색 라탄으로 배색하면 분위기 있게 연출할 수 있다.

사이즈
가로 65cm　　　세로 35cm　　　폭 28cm

재료
2.5mm 환심　　　　　　　**5mm 평심**
사릿대　　　　　　　　　　사릿대 60cm 60줄
날대 70cm 92줄
덧날대 43cm 28줄

부재료
타원형 합판 35×25cm(타공 46개)
우드 손잡이 18×14cm 2개
가죽 금속 장식

사용 기법
따라엮기　되돌아엮기　사선무늬 변형　깃털무늬　감아마무르기
3줄 건너 젖혀마무르기

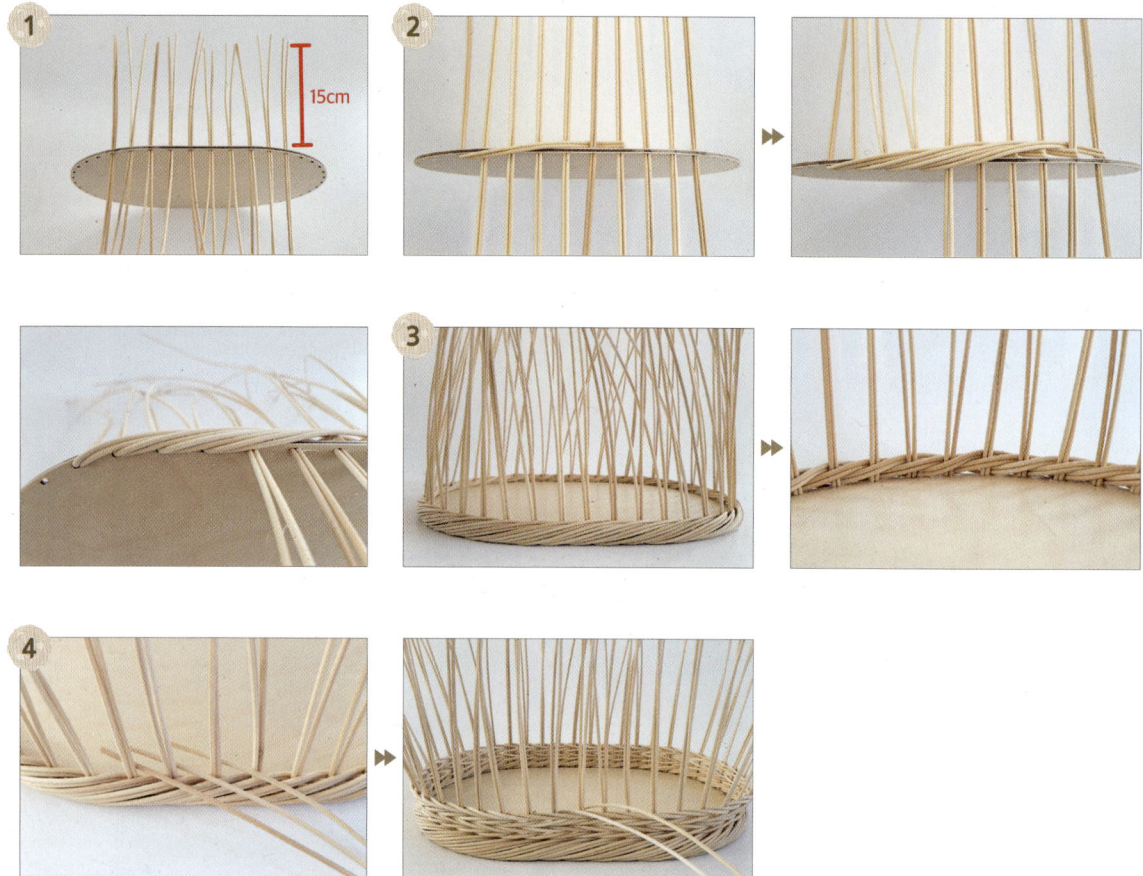

1   타원형 합판에 70cm 날대를 2줄씩 꽂아 2줄 10조로 만든다. 이때 15cm
    와 55cm로 나눠서 배열한다.

2   15cm 쪽 날대 부분의 기준 날대가 이후 5번째 날대 뒤에서 앞으로 나와
    6번째 날대에 걸리도록 한 후 날대를 자른다.

3   남은 타공에 날대를 끼우며 **과정 2**와 같은 방법을 반복해서 모든 날대를
    감아준다.

4   새로운 사릿대 3줄을 추가해 깃털무늬를 2단 한다.

5 사릿대 1줄을 자르고 날대의 각도가 밖으로 자연스럽게 벌어지도록 따라 엮기를 6cm 한다.

6 타원의 좌/우 양쪽 옆면 8조의 날대에만 덧날대를 꽂아 4줄 1조로 만든다.

7 사릿대 1줄을 추가해 날대를 2줄 1조로 나누면서 깃털무늬를 1단 한 후 모든 사릿대는 자른다.

8 5mm 평심으로 하-상-하 사선엮기를 한다. 평심은 1칸씩 앞으로 추가하 며 진행한다.

9 기준이 되는 평심이 (하)날대 기준 상-하-상이 되도록 되돌아 엮는다.

10 **과정 9**를 반복해 총 13단을 엮는다.

11 평심을 날대 뒤쪽에서 잘라 정리한다.

12 새로운 사릿대 3줄을 추가해 깃털무늬를 1단 한다.

13 가장 앞/가장 뒤 날대 중 1줄을 잘라주고 2줄의 사릿대로 따라엮기를
    2cm 한다.

14 타원의 상/하 가운데 중심이 되는 날대를 기준으로 양쪽 6번째 날대(총
    13조)를 양쪽으로 1조씩 줄여가며 되돌아 엮는다. 마지막 날대는 3조가
    남도록 하고 상/하 방향 모두 작업한다.

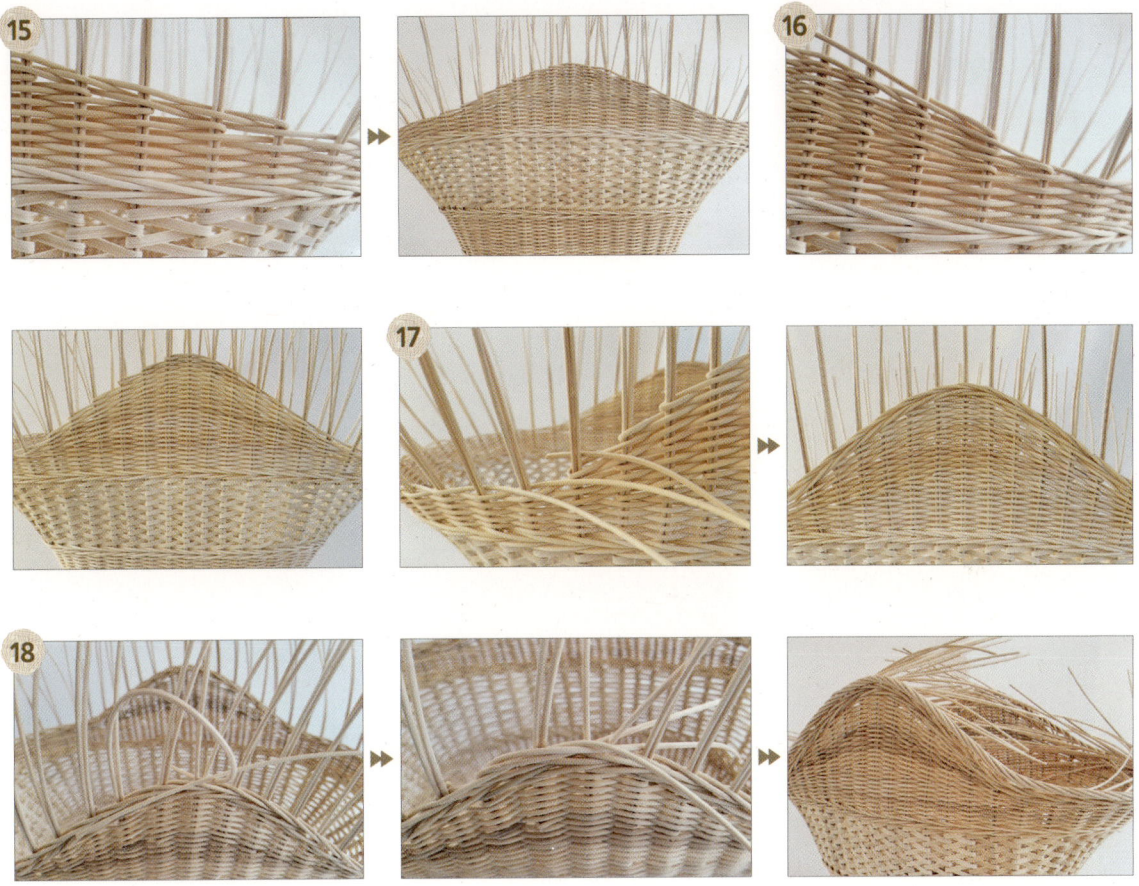

15 타원의 상/하 가운데 중심이 되는 날대를 기준으로 양쪽 7번째 날대(총 15조)를 양쪽으로 1조씩 줄여가며 되돌아 엮는다. 마지막 날대는 3조가 남도록 하고 상/하 방향 모두 작업한다.

16 **과정 15**를 한 번 더 반복한다. 이때 되돌아엮기 층은 총 3단이다.

17 새로운 사릿대 1줄을 추가해 깃털무늬를 1단 한다.

18 감아마무르기를 1바퀴 한다.

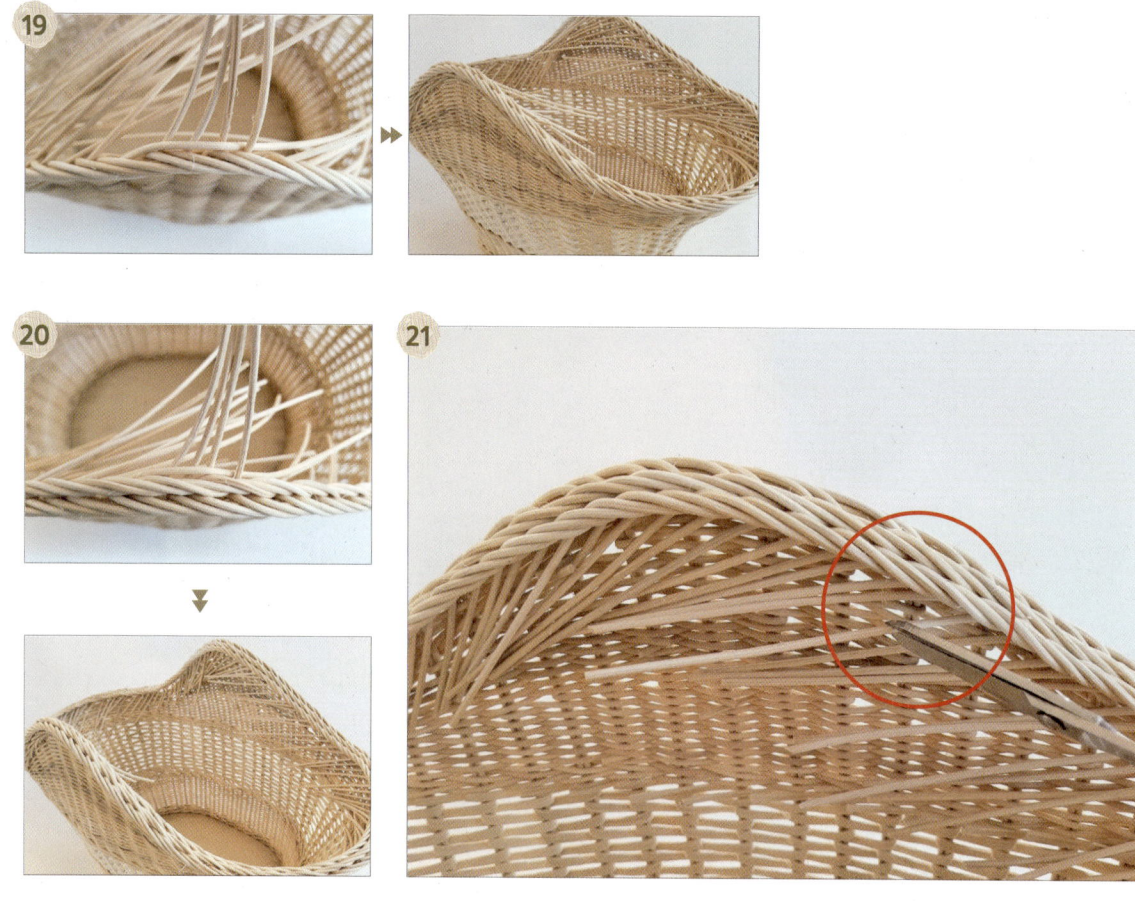

19 안쪽에서 3줄 건너 젖혀마무르기를 1바퀴 한다.

20 **과정 19**를 한 번 더 반복한다.

21 남아있는 날대와 사릿대 연결 부분을 정리한다.

22 가방에 달 우드 손잡이와 가죽 금속 장식을 준비한다.

23 손잡이와 장식을 원하는 곳에 단다.

24 완성된 가방을 확인하며 최종 마무리한다.

HANDMADE RATTAN BAG

no.17

김수현

얽기메시백

난이도 ★★★★☆

랜덤으로 얽혀있는 무늬가 포인트인 얽기메시백.
만들 때 매번 얽는 순서가 달라지므로
나만의 개성이 담긴 하나뿐인 가방이 완성된다.
탄탄하게 엮인 넉넉한 수납공간을 갖고 있어
다양하게 활용할 수 있는 가방.

사이즈

가로 40cm   세로 28cm   폭 23cm

재료   **부재료**

2.5mm 환심   가죽 손잡이
사릿대
날대 125cm 8줄
날대 110cm 14줄
덧날대 50cm 24줄

사용 기법

타원 바닥짜기   매끼돌리기   되돌아엮기   2줄 꼬아엮기   깃털무늬
얽기무늬   따라엮기   3줄 건너 젖혀마무르기   감아마무르기

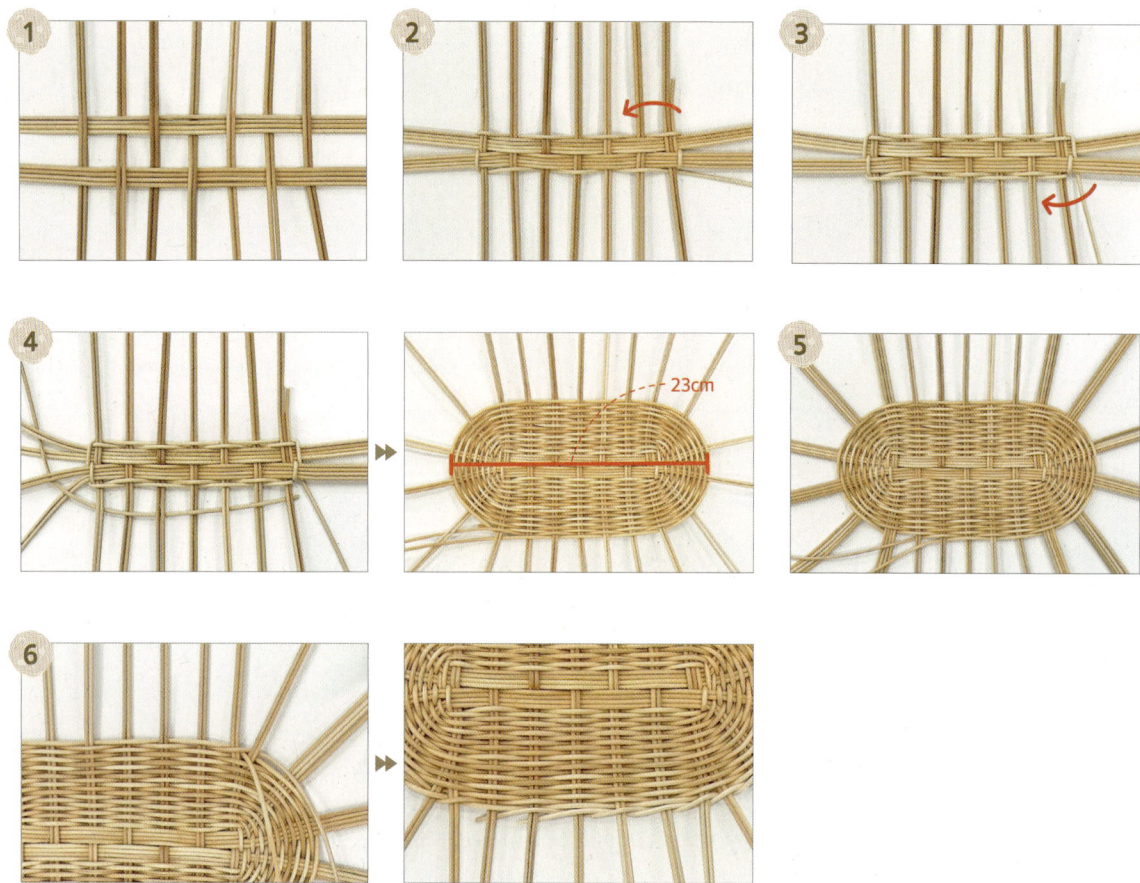

1   125cm 날대는 4줄 2조로 만들어 가로로 놓고 110cm 날대는 2줄 7조로
    만들어 가로 13cm 안에 井자짜기 변형으로 배열한다.

2   사릿대 1줄을 준비해서 매끼돌리기를 1바퀴 한다.

3   되돌아엮기를 1바퀴 한다.

4   사릿대 1줄을 추가해 모든 날대를 2줄 1조로 나누면서 따라엮기로 가로
    길이 23cm까지 엮는다.

5   양쪽 끝 세로 날대와 모든 가로 날대 좌/우 총 12조에 50cm 덧날대를 꽂
    아 4줄 1조가 되게 한다.

6   모든 날대를 2줄 1조가 되도록 나누면서 2줄 꼬아엮기를 1단 한다. 그 후
    모든 사릿대는 자른다.

7 보이는 부분에서 감아마무르기를 한다.

8 감아마무르기가 되어있는 부분이 바닥을 향하게 놓고 모든 날대를 직각 으로 세운다.

9 새로운 사릿대 3줄을 추가해 날대를 2줄 1조로 만들고, 날대의 각도가 직 각이 되도록 세우며 깃털무늬를 2단 한다. 그 후 모든 사릿대는 자른다.

10 10cm 높이에 2줄 꼬아엮기를 하면서 모든 날대를 1줄 1조로 나눈다. 날 대의 순서는 불규칙적으로 배열하여 서로 얽히게 만든다.

11 새로운 사릿대 1줄을 준비해 불규칙적으로 움직이며 얽기무늬를 한다.

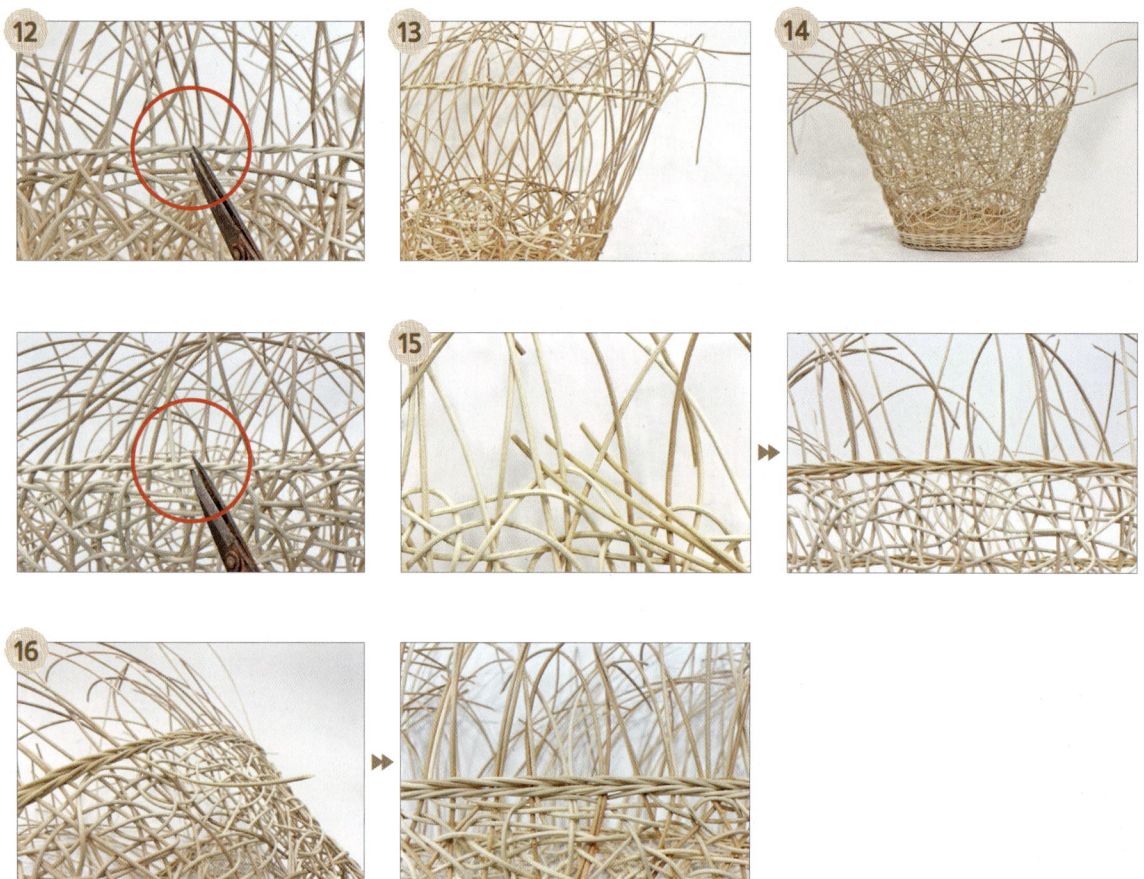

12 얽기무늬로 날대가 고정되면 **과정 10**에서 2줄 꼬아엮기를 했던 사릿대를
자른다.

13 높이 25cm에서 **과정 10**을 반복한다.

14 중간에 빈 곳을 얽기무늬로 채운 후 날대가 고정되면 **과정 13**에서 2줄 꼬
아엮기를 했던 사릿대를 자른다.

15 1줄 1조의 날대에 새로운 사릿대 3줄을 추가해 깃털무늬를 1단 한다.

16 1줄 1조의 날대를 2줄 1조로 만든다. 새로운 날대를 추가할 경우 아랫부
분의 날대는 얽기무늬로 연결해 고정한다.

17 감아마무르기를 한다.

18 안쪽에서 3줄 건너 젖혀마무르기를 총 2바퀴 한다.

19 남아있는 날대와 사릿대 연결 부분을 정리한다.

20 원하는 위치에 손잡이를 달아 마무리한다.

HANDMADE RATTAN BAG

no.18

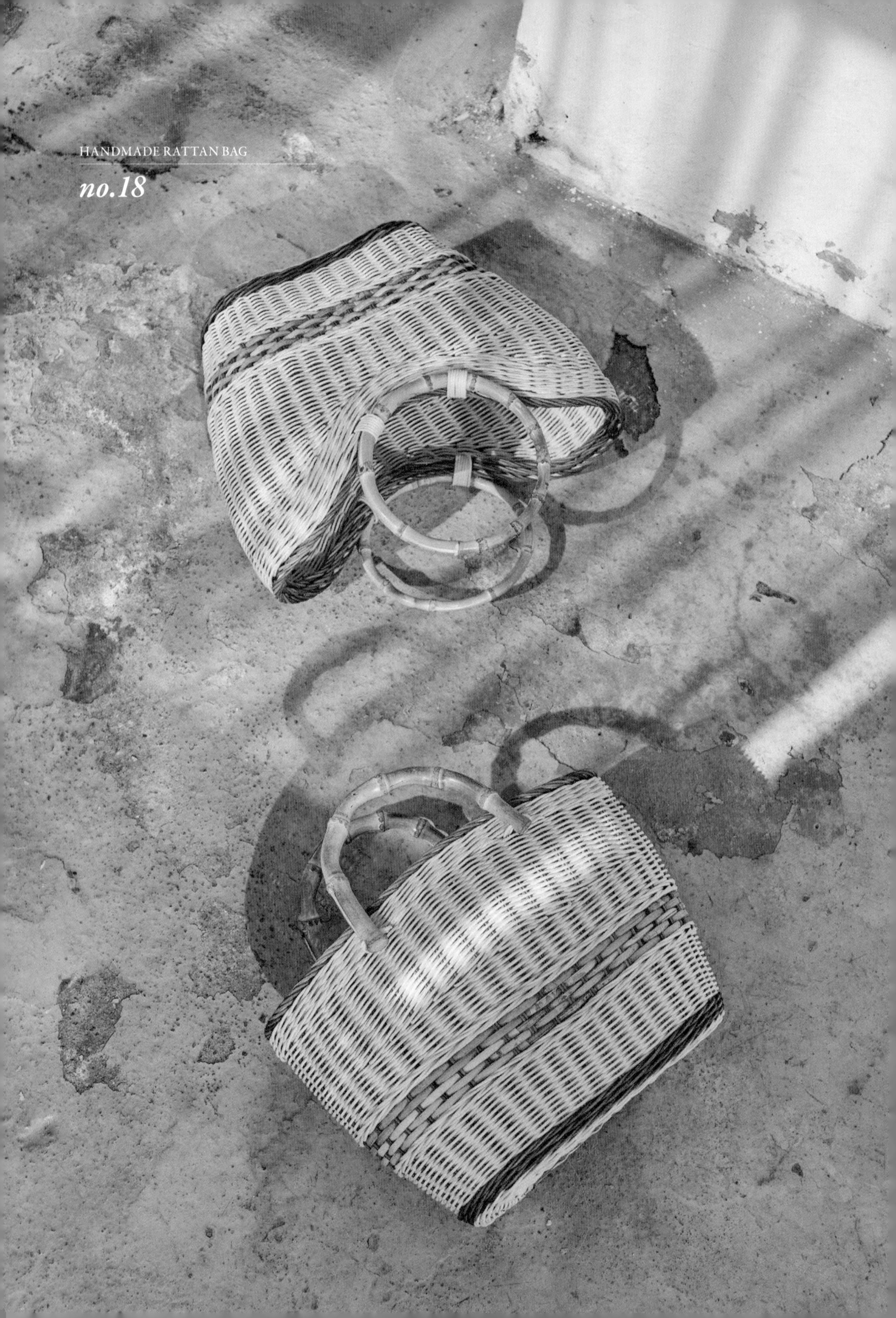

정무영

하트백

난이도 ★★★★★

1970~80년대 레트로풍 감성이 드러나는
둥근 하트 모양의 가방.
비비드한 컬러나 빈티지한 컬러를 사용해
나만의 복고 무드로 스타일링할 수 있다.

사이즈
가로 32cm　　　세로 25cm(손잡이 높이 5cm)　　　폭 15cm

재료

2mm 환심
날대 100cm 8줄
날대 85cm 18줄
덧날대 40cm 24줄

5mm 피등
사릿대 80cm 5줄

부재료
대나무 원형 손잡이 2개(약 16cm)

사용 기법
타원 바닥짜기　　매끼돌리기　　되돌아엮기　　3줄 꼬아엮기　　4줄 꼬아엮기
따라엮기　　깃털무늬　　막엮기　　감아마무르기　　3줄 건너 젖혀마무르기
막감기

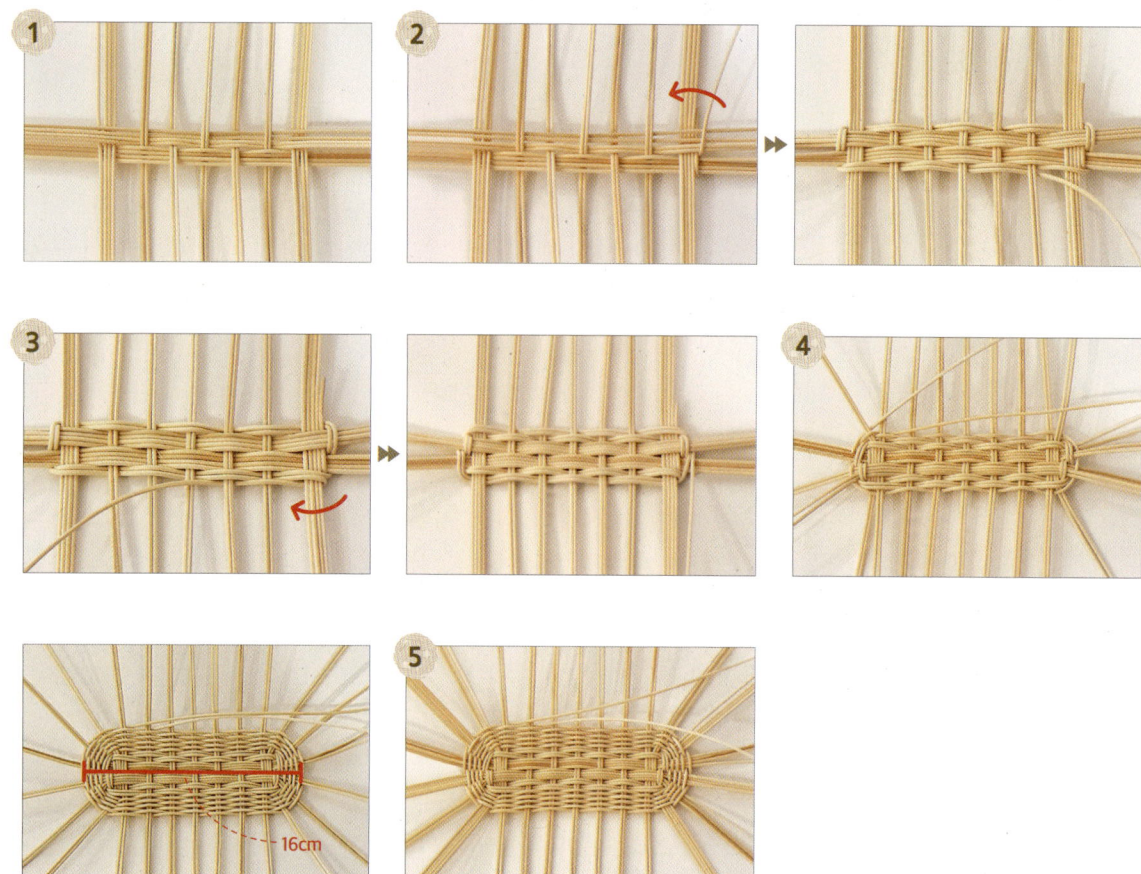

1 100cm 날대는 4줄 2조로 만들어 가로로 놓고 85cm 날대는 4줄 1조와 2줄 1조로 나눠 가로 12cm 안에 井자짜기 변형을 한다. 이때 가운데 5조는 2줄 1조, 양쪽 끝은 4줄 1조로 배열한다.

2 사릿대 1줄을 준비해서 매끼돌리기를 2바퀴 한다.

3 되돌아엮기를 2바퀴 한다.

4 사릿대 1줄을 추가해 모든 날대를 2줄 1조로 나누면서 따라엮기로 가로 길이 16cm까지 엮는다.

5 양쪽 끝 세로 날대와 모든 가로 날대에 40cm 덧날대를 꽂는다.

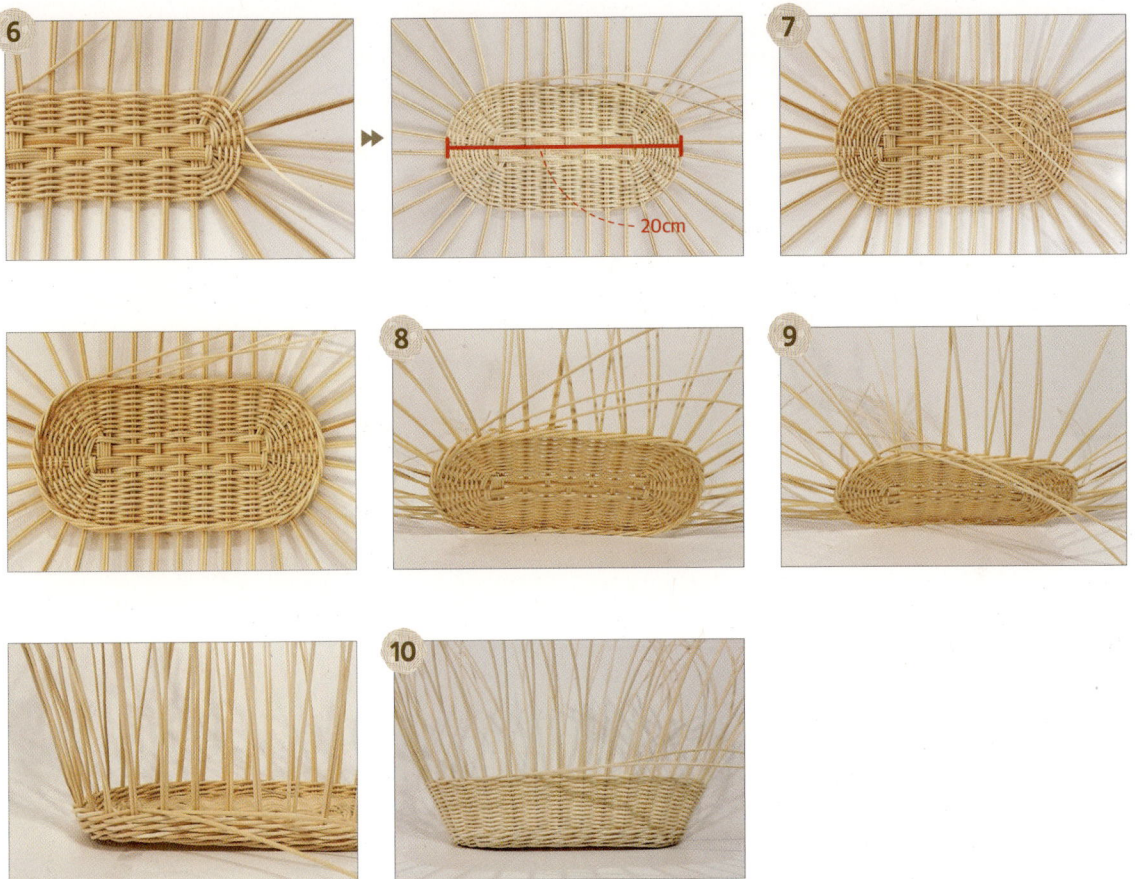

6 모든 날대를 2줄 1조가 되도록 나누면서 가로 길이 20cm까지 따라엮기를 한다.

7 새로운 사릿대 2줄을 추가해 4줄 꼬아엮기를 1바퀴 한다. 사릿대는 자르지 않는다.

8 보이는 면이 겉이 되도록 직각으로 꺾어 세워준 다음 가장 앞/가장 뒤 사릿대 중 1줄을 잘라 사릿대를 3줄로 만든다.

9 날대의 각도가 직각이 되도록 바로 세우면서 3줄 꼬아엮기를 3바퀴 한다.

10 가장 앞/가장 뒤 사릿대 중 1줄을 잘라 2줄의 사릿대로 만든 후, 날대의 각도를 자연스럽게 벌리면서 따라엮기로 4cm 엮는다.

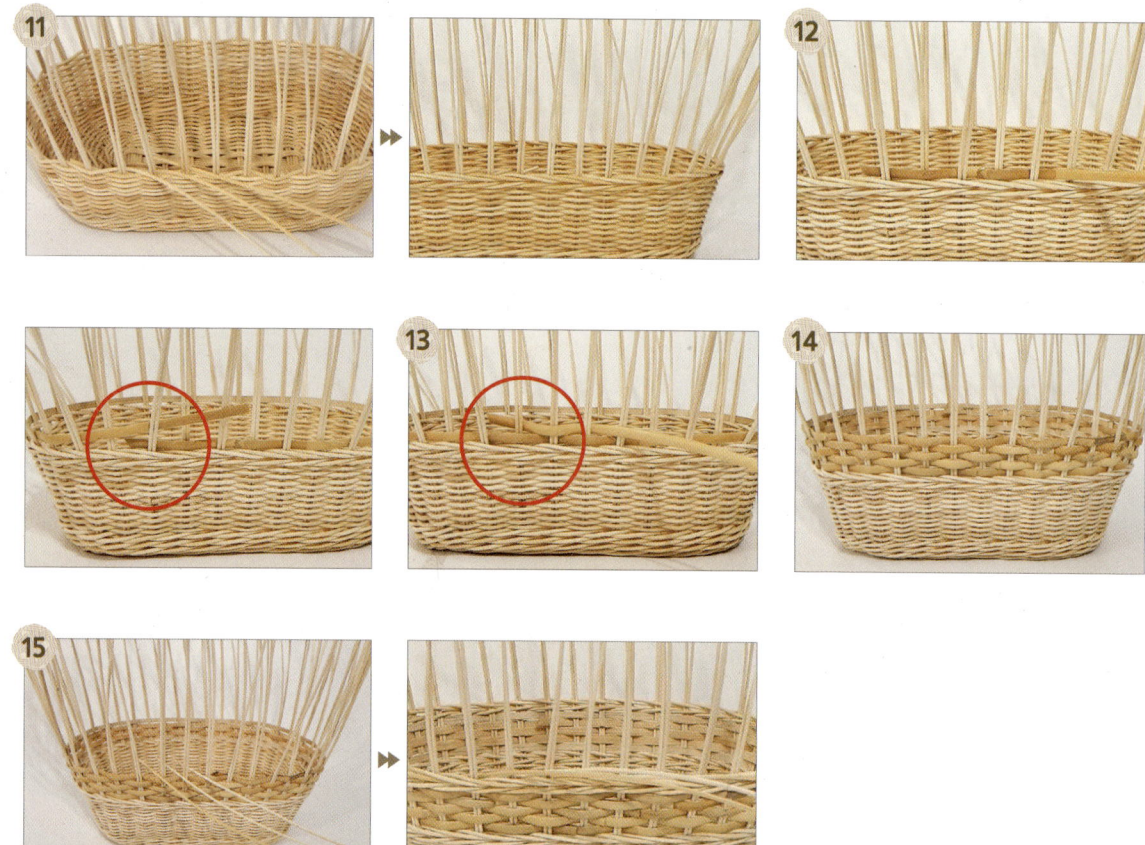

11 새로운 사릿대를 1줄 추가해 깃털무늬를 1단 한 후 모든 사릿대는 자른다.

12 5mm 피등으로 막엮기를 1단 하고 끝나는 부분은 3칸 정도 겹치게 자른다.

13 2단에 위치하는 피등은 1단의 시작점과 겹쳐지지 않게 1칸 오른쪽에서 시작하고 끝나는 부분은 동일하게 마무리한다.

14 **과정 12~13**을 반복해 총 5단을 엮는다.

15 새로운 2mm 환심 사릿대 3줄을 추가해 깃털무늬를 1단 한다.

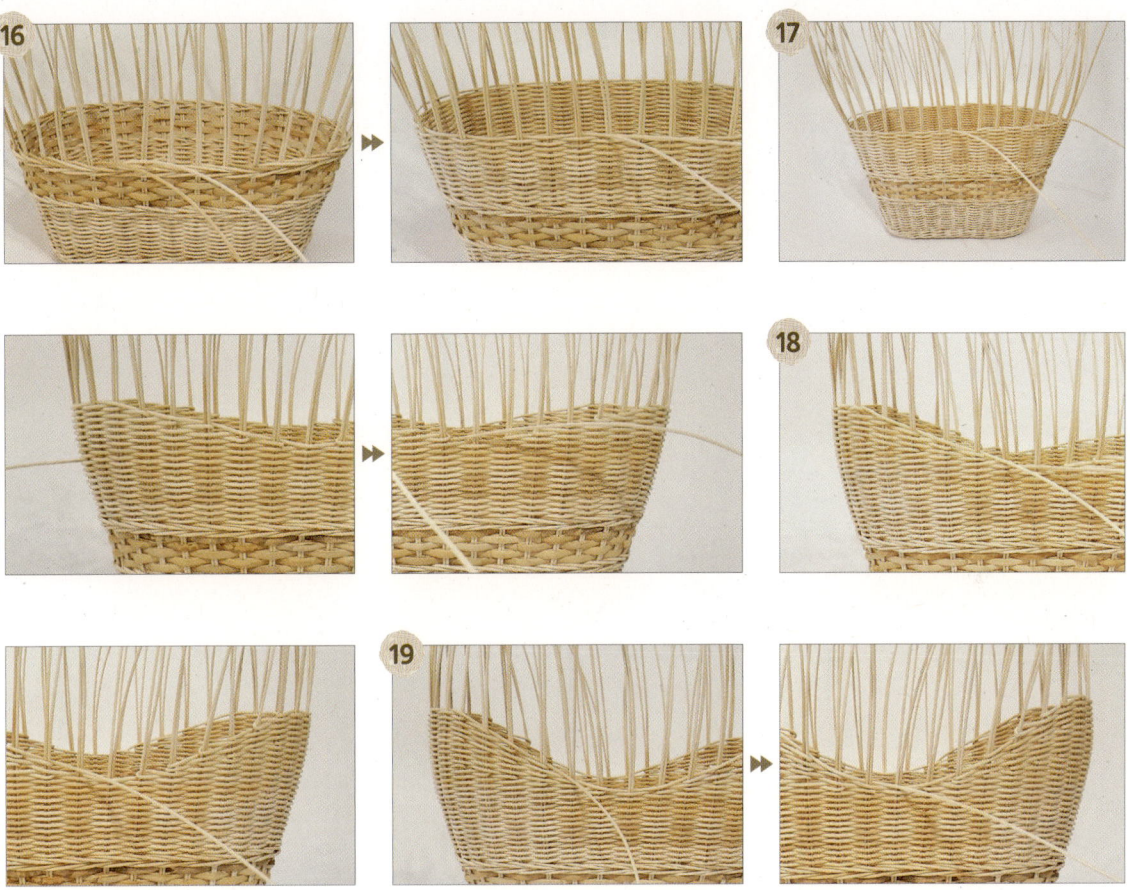

16 가장 앞/가장 뒤 사릿대 중 1줄을 잘라 2줄의 사릿대로 만든 후 따라엮기로 5cm 엮는다.

17 세로 날대 가운데 1조를 제외한 좌/우의 모든 날대를 양쪽으로 1조씩 줄여가며 되돌아엮기를 한다. 마지막 날대는 10조가 남도록 한다.

18 세로 날대 가운데 3조를 제외한 좌/우의 모든 날대를 안쪽으로 오므리며 1조씩 되돌아엮기를 한다. 마지막 날대는 10조가 남도록 한다.

19 세로 날대 가운데 5조를 제외한 좌/우의 모든 날대를 안쪽으로 오므리며 1조씩 되돌아엮기를 한다. 마지막 날대는 6조가 남도록 한다.

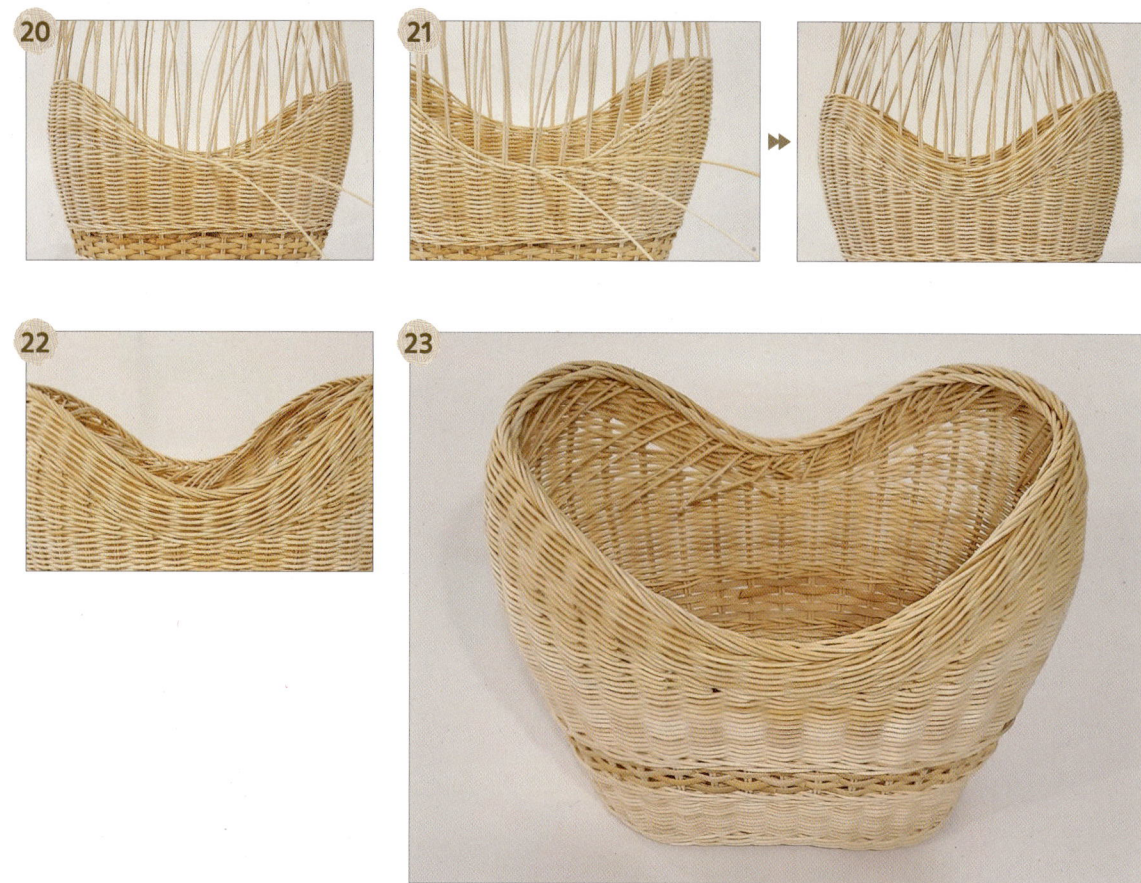

20 세로 날대 가운데 7조를 제외한 좌/우의 모든 날대를 안쪽으로 오므리며
1조씩 되돌아엮기를 한다. 마지막 날대는 10조가 남도록 한다.

21 새로운 사릿대 1줄을 추가해 3줄 꼬아엮기로 6단 엮는다.

22 감아마무르기를 한다.

23 안쪽에서 3줄 건너 젖혀마무르기를 한 후 사릿대와 날대를 정리한다.

24 원하는 위치에 대나무 손잡이를 놓고 막감기로 감는다.

25 반대쪽에도 손잡이를 달고 완성된 가방을 확인하며 최종 마무리한다.

6

Casual Bag

캐주얼백

HANDMADE RATTAN BAG

no.19

김민희

단지백팩

난이도 ★★★★★

등에 착 감기는 느낌이 좋은 둥근 단지 모양의 배낭.
심플하고 깔끔한 스타일로 누구에게나 잘 어울린다.
가죽, 패브릭, PVC 등 원하는 소재로 뚜껑을 만들어 달아주면
가방마다 다른 느낌을 낼 수 있다.

사이즈
가로 30cm   세로 25cm   폭 20cm

재료   **부재료**
2mm 환심   원단 뚜껑 덮개
날대 120cm 6줄   어깨끈
날대 110cm 2줄   잠금 장식
덧날대 56cm 10줄
덧날대 50cm 20줄

사용 기법
十자짜기   매끼돌리기   되돌아엮기   2줄 꼬아엮기   감아마무르기
막엮기   3줄 건너 젖혀마무르기   깃털무늬

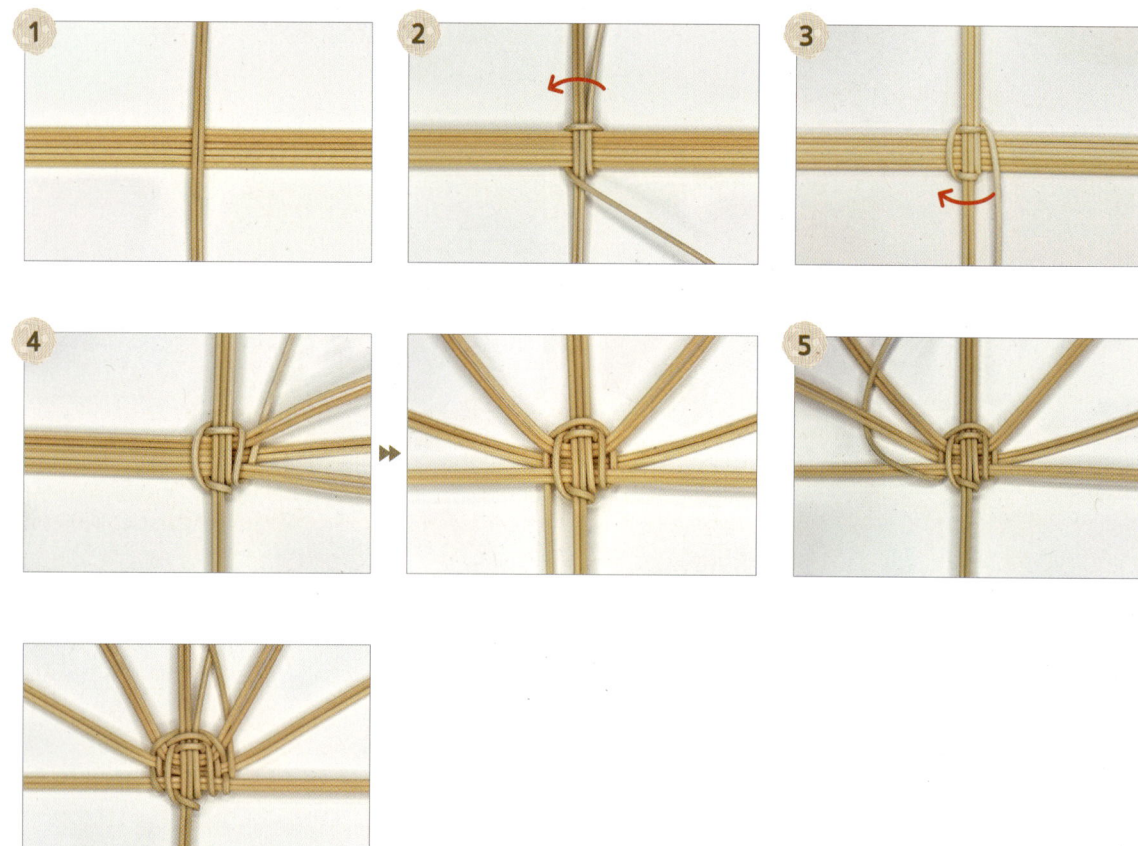

1   날대 120cm 6줄은 가로로 날대 110cm 2줄은 세로로 나눠서 十자 모양
    으로 놓는다.

2   세로 2줄 날대 옆에 나란하게 사릿대를 걸어주고 매끼돌리기를 1바퀴 한다.

3   되돌아엮기를 1바퀴 한다.

4   다시 방향을 돌려 가로 날대 각 6줄(총 12줄)을 2줄 1조씩 나누면서 되
    돌아엮기를 한다. 이때 사릿대를 걸어준 줄은 포함하지 않는다.

5   방향을 돌려 되돌아엮기를 할 때 **과정 4**의 엮는 방법과 교차되게 엮는다.
    이때도 사릿대를 걸어준 줄은 포함하지 않는다.

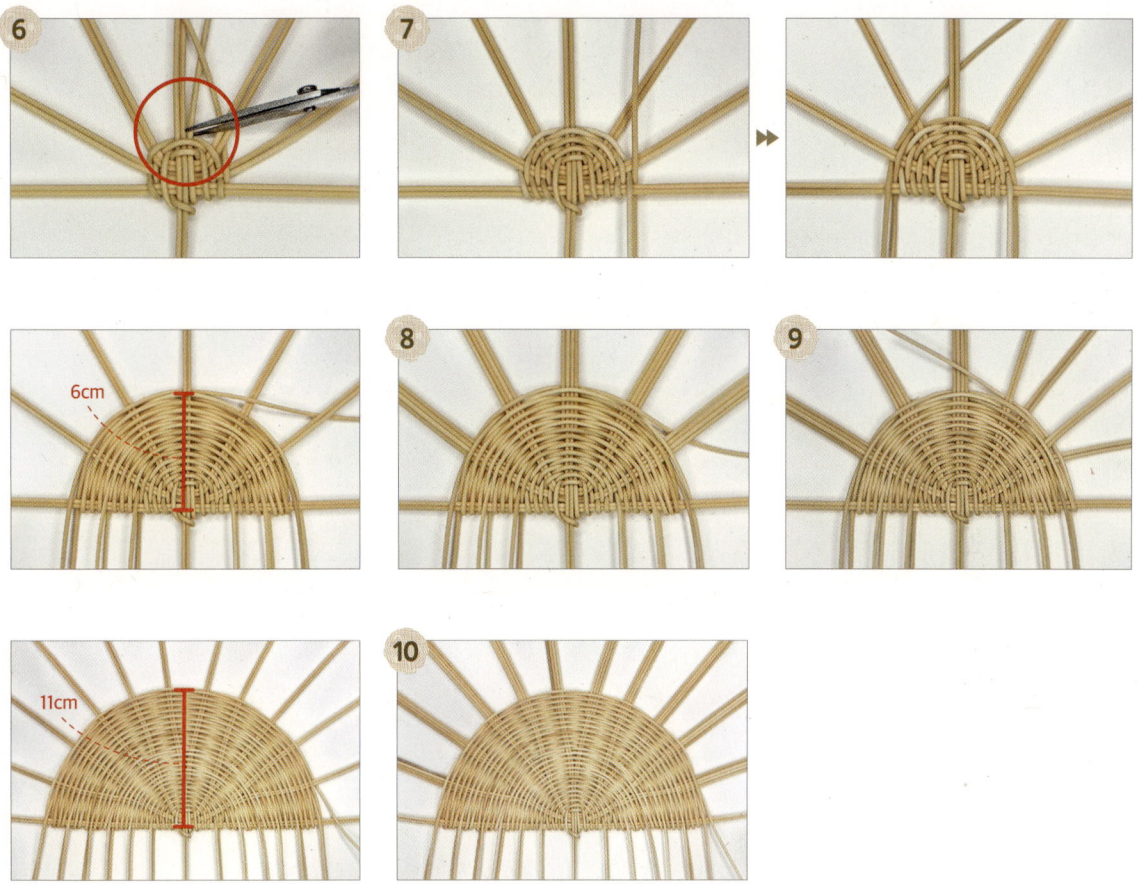

6 사릿대를 걸어준 줄을 가위로 짧게 자른다.

7 양쪽으로 되돌아엮기 3회 왕복마다 기존의 사릿대로 56cm 날대를 2줄 1 조씩 만들고 높이 6cm가 되도록 엮는다.

8 56cm의 덧날대를 양쪽 가장 끝 기둥줄을 제외한 나머지 날대의 좌/우에 꽂아 4줄 1조가 되게 한다.

9 모든 날대를 2줄 1조가 되도록 나누며 높이 11cm가 될 때까지 **과정 7**을 반복한다.

10 50cm의 덧날대를 양쪽 가장 끝 기둥줄을 제외한 나머지 날대의 좌/우에 꽂아 4줄 1조가 되게 한다.

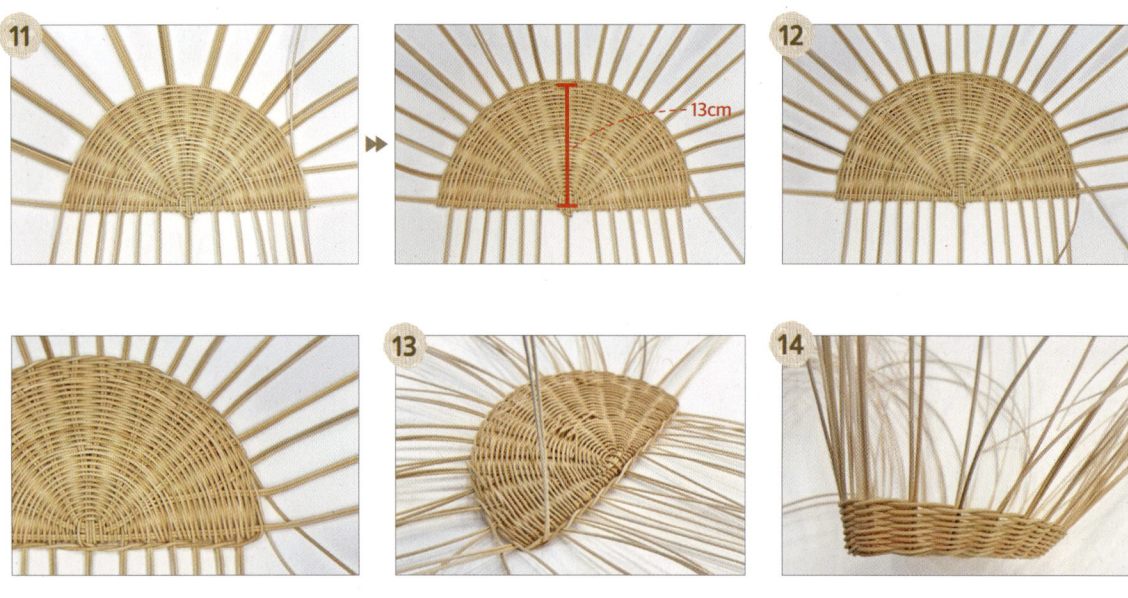

11 모든 날대를 2줄 1조가 되도록 나누며 높이 13cm될 때까지 **과정 7**을 반복한다. 마지막 날대는 만들지 않는다(전체 날대 개수 35개).

12 사릿대 1줄을 추가해 2줄 꼬아엮기를 1단 한다. 모든 사릿대는 자르지 않는다.

13 보이는 부분이 겉이 되도록 뒤집어 날대를 꺾어 세운다.

14 반원의 직선 부분(뒷면)은 직각이 되도록 하고, 곡선 부분(앞면)은 밖으로 벌어질 수 있도록 각도에 유의하면서 2줄 꼬아엮기를 8단 한다.

15 사릿대 1줄을 자른 후, 뒷면은 직각으로 앞면은 벌어지도록 날대의 각도를 유지하면서 막엮기로 전체 높이 11cm까지 엮는다.

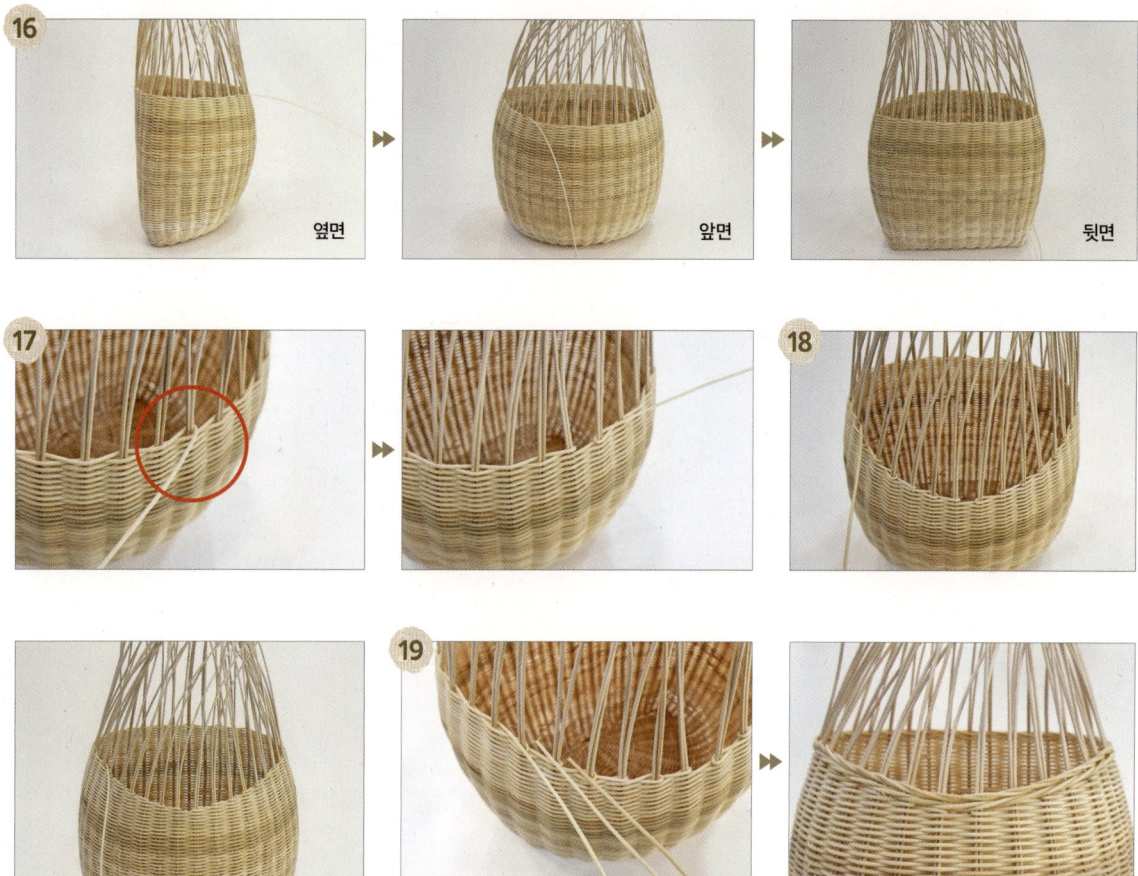

16 뒷면은 직각으로 앞면과 옆면의 각도를 안으로 오므리면서 막엮기로 전체 높이 20cm까지 엮는다(뒷면 입구 가로 길이 25cm).

17 앞면 날대 가운데 2조를 기준으로 양쪽으로 나눠 좌-후-우 방향으로 되돌아엮기를 한다.

18 되돌아엮기를 1번 반복할 때마다 앞면 날대를 좌/우로 1조씩 줄여나간다. 마지막 되돌아엮기 날대는 11조가 남게 한다.

19 사릿대 2줄을 추가해 깃털무늬를 1단 한 후 모든 사릿대는 자른다.

20 감아마무르기를 1바퀴 한다.

21 안쪽에서 3줄 건너 젖혀마무르기를 1바퀴 한다.

22 **과정 21**을 반복해 총 2바퀴 한다.

23 남아있는 날대와 사릿대 연결 부분을 정리한다.

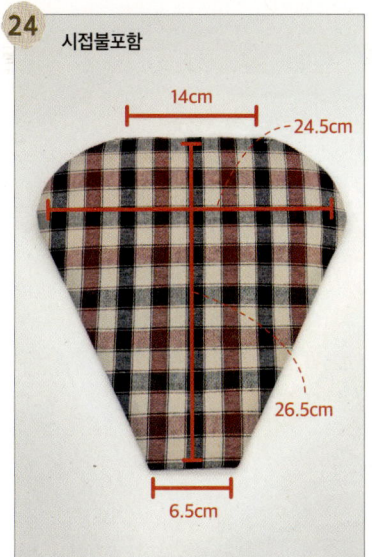

24 시접불포함

14cm

24.5cm

26.5cm

6.5cm

24 취향에 맞는 가죽 또는 패브릭으로 뚜껑 덮개를 만들어 준비하고, 어깨끈
과 잠금 장식을 단다.

25 완성된 가방을 확인하며 최종 마무리한다.

HANDMADE RATTAN BAG

no.20

김수현

피크닉백

난이도 ★★★★☆

가볍고 튼튼한 소재의 라탄을 사용해
야외 활동에 좋은 피크닉백.
단단한 바닥판을 넣어 안정감 있게 사용할 수 있고
넉넉한 수납력으로 활용도가 높은 아이템이다.
따스한 봄날에 피크닉을 떠나보는 건 어떨까?

사이즈
가로 38cm   세로 21cm   폭 25cm

재료
2.5mm 환심
사릿대
날대 80cm 40줄

부재료
자작나무 합판 37.5×24.5cm(타공 40개)
라탄 손잡이

사용 기법
꽂아심기   깃털무늬   막엮기   바둑판무늬   수레바퀴무늬   칸무늬
안1조-밖1조 2번 젖혀마무르기   1줄 건너 젖혀마무르기   2줄 꼬아엮기
막감기

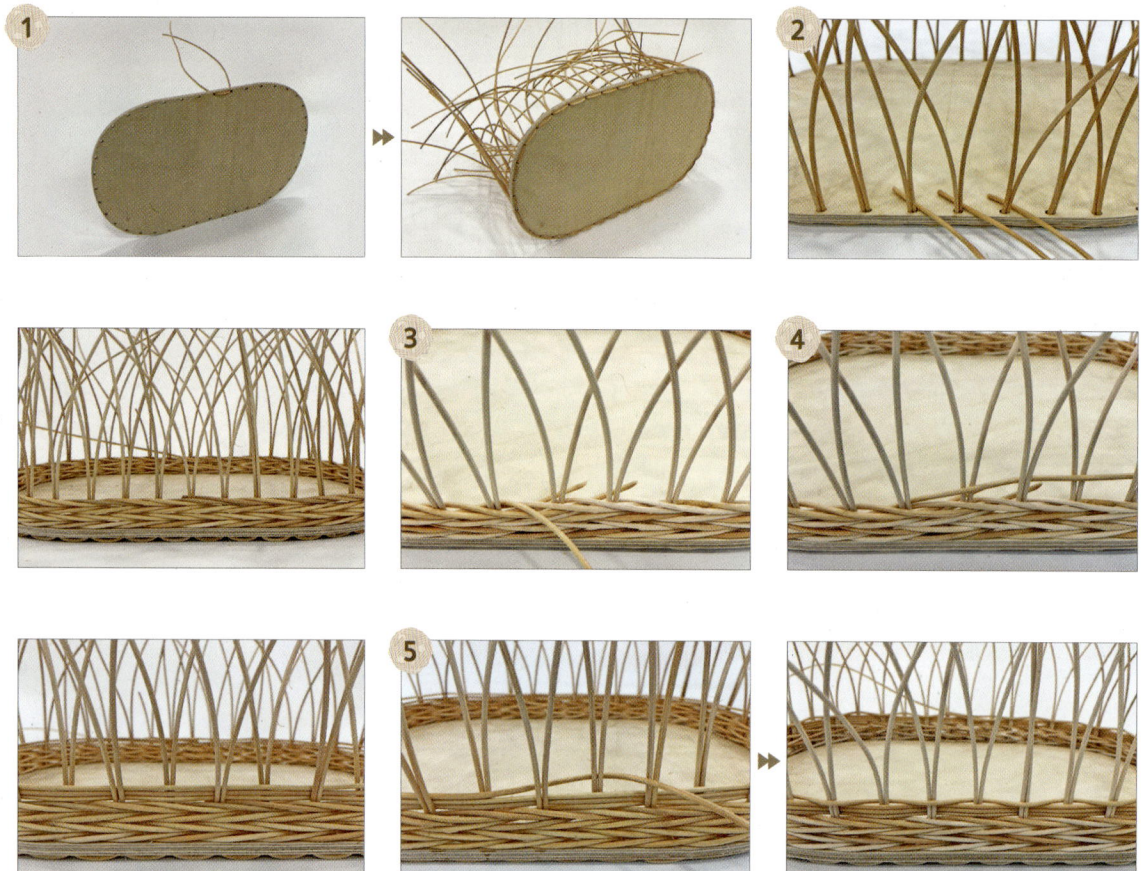

1 날대를 반으로 접어 U자 모양을 만든 후 자작나무 합판에 아래에서 위로
  꽂아 심는다.

2 3줄의 사릿대를 준비해 깃털무늬를 2단 한다.

3 3줄의 사릿대 중 1줄의 사릿대만 남기고 나머지 2줄은 자른다.

4 1줄의 사릿대로 막엮기 3줄을 겹치도록 엮는다.

5 막엮기 3줄이 끝나는 부분에서 사릿대가 겹쳐지지 않도록 2개의 날대 뒤
  로 사릿대를 넘긴 후 아래줄과 어긋나게 1줄 엮는다.

6 다시 아래줄과 겹쳐지지 않도록 2개의 날대 뒤로 사릿대를 넘긴다.

7 **과정 4~6**(바둑판무늬 1단)을 반복해 바둑판무늬를 총 5단 한다.

8 새로운 사릿대 1줄을 추가해 2줄 꼬아엮기를 1바퀴 한다. 사릿대는 빠지지 않도록 끼워서 고정하고 모든 사릿대는 자른다.

9 새로운 사릿대 1줄을 준비해 반으로 접어 2.5cm 높이에 칸무늬를 1단 한다. 사릿대는 빠지지 않도록 끼워서 고정하고 모든 사릿대는 자른다.

10 **과정 9**를 한 번 더 반복한다(전체 칸무늬 2단). 사릿대는 1줄만 자른다.

11 1줄의 사릿대로 **과정 4~6**을 반복해 바둑판무늬를 총 5단 한다.

12 새로운 사릿대 2줄을 추가해 깃털무늬를 1단 하고 모든 사릿대는 자른다.

13 2줄 1조의 날대 중 오른쪽 날대 1줄을 잘라 1줄 1조가 되게 한다.

14 안1조-밖1조 2번 젖혀마무르기를 한다(안1조 작업).

15 안1조-밖1조 2번 젖혀마무르기를 한다(밖1조 작업).

16 안쪽에서 1줄 건너 젖혀마무르기를 한 후 날대와 사릿대를 정리한다.

17 1줄의 사릿대를 준비해서 수레바퀴무늬를 완성한다.

18 몸판과 손잡이 부분을 막감기로 고정한다.

19 남아있는 사릿대는 이웃하는 날대 사이를 꿰매듯이 엮어서 숨긴다.

20 완성된 가방을 확인하며 최종 마무리한다.

나의 첫 번째 라탄×가방

초판 1쇄 인쇄 2023년 3월 17일
초판 1쇄 발행 2023년 3월 27일

지은이 김민희 김수현 유선미
윤근화 윤지영 정무영
펴낸이 정용수

편집장 김민정 **편집** 조혜린
디자인 김민지
영업·마케팅 김상연 정경민
제작 김동명 **관리** 윤지연

펴낸곳 ㈜예문아카이브
출판등록 2016년 8월 8일 제2016-000240호
주소 서울시 마포구 동교로18길 10 2층
문의전화 02-2038-3372 **수분전화** 031-955-0550 **팩스** 031-955-0660
이메일 archive.rights@gmail.com **홈페이지** ymarchive.com
인스타그램 yeamoon.arv

ISBN 979-11-6386-176-8 (13630)

㈜예문아카이브는 도서출판 예문사의 단행본 전문 출판 자회사입니다.
널리 이롭고 가치 있는 지식을 기록하겠습니다.